平成史

経済の流行語・論点でたどる

浜野崇好──著

草思社

経済の流行語・論点でたどる平成史

はしがき

経済の新語・流行語から日本の将来を展望する

30年前の平成元（1989）年は、11月に「ベルリンの壁」が崩壊し、翌月、米ソ首脳が地中海のマルタ島で冷戦の終結を宣言した年に当たる。自由の原則と民主主義が世界を支配するようになり、大きく変わるという期待が出てきた。確かに欧州では一つの理念でEU（欧州連合）が拡大したが、最近は英国のEU離脱の問題などで、揺れている。

一方、アジアでは世界第2の経済大国として中国の経済発展が目立ってきた。また、米国は「自国ファースト」で中国との貿易戦争などに力を入れ、地球温暖化対策を進めようとするパリ協定には背を向けるなど、世界の自由への関心を失っていると非難されている。

同じ平成元年から30年経つ日本はどうだったのか。

改めて言うまでもなく、第二次大戦後の日本の歴代政権は、国連中心に自由主義諸国と協調してきた。ただ、バブル経済の崩壊などがあり、経済的な貧困率や、日本企業の総収益ランキング、二酸化炭素CO_2の排出量、世界競争力のランキングなどでは、平成の初めごろより、見劣りするものが多い。さらに人口の減少で海外から働き手を受け入れなければならない事態にも直面していることから、今後に悲観的な見方をする向きもあるようだ。

しかし、見方を変えてみよう。日本のこの30年の変遷の中で、平均寿命は着実に伸び、平成2（1990）年に男性は75・92歳、女性は81・90歳だったのが平成30（2018）年には、男性81・09歳、女性87・26歳へと着実に伸ばしている。

海外ではよく見られる政治の人気取りなど、ポピュリズム的な動きも見られない。日本の将来は必ずしも悪いとは限らないのではないか。

経済を中心とした最先端の動きを探ろうと、経済の新語・流行語をこつこつと集めてみることにした。

モノや社会の仕組み、慣行、法制度などなんでも新しく登場するときは、新語として扱い、以前からあった言葉でも、しばらく使われずに、突然よく使われるようになるものは、流行語とした。こうした原則で、メディアが伝えるこうした言葉に目を光らせ、耳をそばだてていると、さまざまな新語・流行語にぶつかる。

本著は、そうした視点で平成の時代を眺め、そこから得たもので、経済の先行きを展望しようとしたものである。

編集に当たっては、品川亮様をはじめとする制作スタッフ、長年資料の収集整理をお願いしている浅井妙子元小学校教諭に大変お世話になった。また、本著の基になる経済の新語・流行語を小生のホームページで毎月公開してきたが、そのモニタリングと金融関係の指導をして下さった元銀行役員の多田明生様、パソコン指導者の川越けい様にも感謝申し上げたい。

平成31（2019）年1月

浜野崇好

平成30年間の日本社会と経済の主な出来事

平成1年（1989年）

●昭和天皇のご逝去で、1月8日、「平成」の時代に入った。幕開けの年は4月に1日3%の消費税が始まり、参院選の自民党大敗、中国の天安門事件、東西冷戦の「終結」、東欧の民主化のうねりと、歴史の転換点と言われる年となった。

第6回新語部門金賞に、「**セクシャル・ハラスメント**」、流行語部門金賞に「**オバタリアン**」が登場。★

平成2年（1990年）

●東京株式市場は10月1日、全面安の展開になり、東証一部の平均株価が一時2万円の大台を割った。89年暮れに3万8915円の最高値を付けたが、わずか9カ月でほぼ半値に。

●東西ドイツは、45年間の分断を経て10月3日統一し、経済大国「ドイツ連邦共和国」が誕生した。

新語部門金賞に「**ファジィ**」、流行語部門銀賞は「**バブル経済**」。

当時の日本経済は「アワ」のような実体のないもので、いつかははじけてしまうと皮肉な見方が出ていた。

平成3年（1991年）

●長崎の雲仙・普賢岳が200年ぶりに噴火、被害者多数。

経済に関係あるものとしては「**損失補てん**」が流行語部門の銅賞に登場した。

平成4年（1992年）

●旧経済企画庁は2月、52カ月続いた大型景気が前年1～3月期で幕を閉じ、後退に転じたと発表した。自民党は8月に、10兆円を上回る緊急総合経済政策を打ち出した。

新語部門銀賞に「**カード破産**」、表現部門金賞に「**複合不況**」。

平成5年（1993年）

●バブルが崩壊して始まった不況は深刻さを増す。百貨店の売上高が21カ月連続で前年実績割れとなった。

★白文字は、その年の「新語・流行語大賞」より。

流行語部門金賞に、細川内閣が景気テコ入れ策の一つとして打ち出した「**規制緩和**」が入っている。

平成6年（1994年）

●前年の記録的なコメ凶作で、「コメ不足騒ぎ」が2月下旬から約1カ月続いた。タイなどから中・長粒米を緊急輸入し、食糧庁が国産米とブレンドまたはセットとして販売することを指導した。一方、国産米は異常な高値を呼んだ。ところがこの年の秋には、皮肉にもコメは大豊作となった。

●94年は政党の組み合わせで与野党が逆転し、細川護熙首相、羽田孜首相、そして村山富市首相と3人がリレー式に入れ替わった。

新語・流行語年間大賞に続いて、トップテン入賞語というのができ、経済関係では「**価格破壊**」「**契約スチュワーデス**」「**就職氷河期**」などが登場した。

平成7年（1995年）

●1月17日早朝、淡路島北端を震源とするマグニチュード7・2の大地震が発生した。この「阪神・淡路大震災」による被害は、消防庁調べで、死者6308人、負傷者約4万1500人、家屋全壊10万棟、被害額は国土庁推計で約9兆6千億円に上る。

地震と津波により、電気、ガス、水道、電話、食糧流通など、生命を支える「**ライフライン**」がすべてまひした。災害時にどう維持するかが大問題に。他のベストテン入賞語に「**インターネット**」も。

平成8年（1996年）

●10月に、新制度に基づく初の小選挙区比例代表並立制による総選挙が実施された。選挙の結果は自民党が過半数には届かなかったものの、選挙前勢力を上回る勢力を取りもどした。また、新制度の問題点として、選挙区で落選しても比例区名簿に登録された候補は「惜敗率」によって、復活当選することがあり、分かりにくいという批判が集中した。

新語・流行語の入賞語に経済関係は少ないが、トップテン入賞語に「**不作為責任**」というのがある。しなければならないことをしなかった責任。

薬害エイズ問題で組織ぐるみの責任逃れに終始した旧厚生省が問題になった。

平成9年（1997年）

●90年代は、97～98年を中心に金融制度の大改革が行われた。それまで護送船団方式と言われた金融行政を大転換し、徹底的な金融自由化による利用者の利便性向上がねらい。当時の橋本龍太郎首相は、フリー、フエア、グローバルを3原則とする「金融システム改革法」を98年6月に成立させた。

この年のトップテン入賞語にも、**「日本版ビッグ・バン」**「**郵政3事業**」などの関係用語が含まれている。

平成10年（1998年）

●「日本列島総不況」（堺屋太一当時経済企画庁長官）という「不況宣言」が出されたと言っていいような景気。7～9月期にかけて、戦後初の4四半期連続のマイナス成長。個人消費は落ち込み、金融機関の貸し渋りもあり、企業倒産件数は11月までに前年の累計を上回った。

トップテン入賞語には「**貸し渋り**」「**老人力**」「**モラル・ハザード**」「**日本列島総不況**」などが並ぶ。「モラル・ハザード」は例えば、保険に加入することによって生ずる安心感からリスクを冒しやすくなること。

平成11年（1999年）

●企業の相次ぐリストラなどで完全失業率は、6、7月に過去最悪の4・8%を記録（総務省統計局労働力調査）。完全失業者は300万人を大きく上回った。

●EU（欧州連合）のドイツ、フランスなど11カ国（当時）が1月1日から、単一通貨「ユーロ」を導入し、銀行間や金融取引で使われ始めた。全面使用は2002年から。

経済用語ではないが、年間大賞に「**ブッチホン**」が入っている。当時の小渕恵三総理大臣が「もしもし、ケイゾーです、オブチです」と官邸から電話する。「ブッチホン」は自らの命名。小渕恵三は2000年急逝。

平成12年（2000年）

●韓国の金大中大統領と北朝鮮の金正日総書記は、6月平壌で初の南北首脳会談を開いた。金大中大統領は南北の和平と和解に努力した功績でノーベル平和賞が授与された。

●5月、新生ロシアの第2代大統領にプーチン氏が就任した。

●国内では、高齢者の介護負担を家族から肩代わりする「介護保険制度」が4月にスタートした。

年間大賞の一つは「**IT革命**」であった。世紀の変わり目を象徴する新語と言えよう。

平成13年（2001年）

●9・11「米中枢同時テロ」。この日、米・国内線の旅客機4機が乗っ取られ、2機がニューヨークの世界貿易センターのツインタワービルに突入、2棟とも炎上して崩壊。3機目はワシントンの国防総省に突入、4機目はピッツバーグ郊外に墜落。死者、行方不明者は3千数百人にのぼった。

●モロッコのマラケシュで開かれた気候変動枠組条約第7回締約国会議（COP7）は11月、温室効果ガスの排出削減を義務付けた地球温暖化防止のための「京都議定書」運用規則を採択、議定書は翌年発効する見通しとなった。

4月に総理大臣に就任した小泉純一郎氏は自身の言葉、「**聖域なき改革**」「**恐れず怯《ひる》まず捉《とら》われず**」「**骨太の方針**」「**改革の『痛み』**」「**米百俵**」などで新語・流行語大賞の受賞者となった。

平成14年（2002年）

●9月に小泉首相と北朝鮮の金総書記とによる初の日朝首脳会談が開かれ、日本人の拉致被害者5人が10月、24年ぶりに帰国した。しかし北朝鮮は5人の家族の帰国には応じなかった。

●この年、日本は政治とカネをめぐる不祥事が相次ぎ、経済対策も決め手を欠いて、デフレがさらに進行した。

トップテン入賞語には、「**内部告発**」が入った。

平成15年（2003年）

●激動するイラク情勢に揺れた。11月、イラクで日本人外交官2人が殺害されるという悲劇があったが、日本政府、米軍共に、襲撃状況からテロとほぼ断定した。小泉政権は日米同盟重視の立場から、米国のイラク攻撃を支持し、自衛隊派遣の基本計画策定をしている。

11月の総選挙で各党が基本政策について、数値目標や実行期限、財源などを明示した。その「**マニフェスト**」が年間大賞の一つに。

平成16年（2004年）

●台風、集中豪雨、猛暑それに10月の新潟県中越地震と大きな災害に見舞われた年。被害総額は1兆2千億円とも言われる。野菜が値上がりし、東京では過去最長の40日間連続の真夏日だった。
●鳥インフルエンザが79年ぶりに、日本でも山口、大分、京都などで発生した。東南アジアのタイ、ベトナムでは死者が出ている。
トップテン入賞語には、「**サプライズ**」「**自己責任**」「**新規参入**」など。

平成17年（2005年）

●日本に住む日本人の人口が初めて減少に転じ、人口減少社会に向かうことが厚生労働省の12月人口動態統計の年間推計で分かった。出生数から死亡数を引くと、マイナス1万人。統計を取り始めた1899年以来、初の自然減で日本の歴史的転換点となる。
●郵政民営化関連法が10月に成立した。これにより2007年10月に郵政公社を廃止。新設の日本郵政株式会社の下に、郵便事業、ゆうちょ銀行など4社を置く。
トップテン入賞語には、「**クールビズ**」が入った。受賞者は元環境大臣の小池百合子現都知事。

平成18年（2006年）

●初の戦後生まれ、52歳の安倍晋三首相が率いる内閣が9月発足した。就任直後、中国、韓国を訪問。
●官製談合で福島、和歌山、宮崎の各県知事を相次ぎ逮捕。
トップテン入賞語の中に「**格差社会**」が入った。これまでの1億総中流が崩れ、所得や教育、職業などさまざまな分野で格差が広がり、二極化が進んだと言われた。

平成19年（2007年）

●米国で信用力の低い人の住宅購入に適用された「サブプライムローン」の焦げ付きが急増し、米国をはじめ世界の株式市場で同時安となった。市場に不安感が覆う。

●地球温暖化に警鐘を鳴らす映画『不都合な真実』を製作したゴア前米副大統領と、「気候変動に関する政府間パネル（IPCC）がノーベル平和賞を受賞。
●安倍首相突然退陣、後任は福田康夫氏。
年間大賞の一つは、宮崎県知事に当選した東国原英夫の「**どげんかせんといかん**」だった。方言を交えた「宮崎のセールスマン」ぶりを発揮した。

平成20年（2008年）

●前年夏以来の米国の住宅バブル崩壊による「サブプライムローン」焦げ付き問題が、9月の米証券大手リーマン・ブラザース破綻をきっかけに、金融危機、さらに世界不況へと発展。11月には新興国を含めたG20（20カ国・地域）による初の金融サミットが開かれた。
●米国では、11月に大統領選で民主党のオバマ上院議員を選び翌年1月20日、初の黒人大統領が誕生することになった。
●日本では福田首相が9月に突然退陣。麻生太郎氏を後継に。
年間大賞の一つは、テレビドラマ（TBS系）『Around40』から広がった「**アラフォー**」、特に女性の40歳前後を指す。また、トップテンには「**後期高齢者**」も入っている。

平成21年（2009年）

●第44代米大統領に就任したバラク・オバマ氏は、プラハでの「核なき世界」演説で、ノーベル平和賞を受賞した。
●米自動車大手のGMとクライスラーが相次いで破たんした。GMの負債は、米製造業最大の16・4兆円。
●EU（欧州連合）の新基本条約が予定より1年遅れで発効。新条約に基づく首脳会議の常任議長にベルギー首相を選んだ。
●日本では8月の総選挙で、民主党は議席を115から308へ大きく伸ばして圧勝し、鳩山由紀夫内閣が発足した。

年間大賞も「**政権交代**」が選ばれた。

その他のトップテンには「**事業仕分け**」や「**草食男子**」「**派遣切り**」などが入った。

「事業仕分け」は、公的な各事業について仕分け人と呼ばれる行政刷新会議が「不要」「民間に委託」「国ではなく都道府県で行うべき」と仕分けしていく。

平成22年（2010年）

●沖縄の米軍普天間飛行場の移転先について「最低でも県外」としていた鳩山内閣は、迷走を続けた末、社民党の連立離脱を招き6月に退陣した。後継首相に菅直人氏。
●7月の参院選で民主党は大敗し、衆参両院で多数派が異なるねじれ国会に。
●家畜伝染病の口蹄疫が宮崎県で確認され、発生地から半径10キロ圏内では感染していない牛や豚を含め、ワクチン投与した上で約29万頭が処分された。
●中国のGDPは2010年に日本を抜き米国に次ぐ経済大国へ。
トップテン入賞語の中に育児に積極的に参加する男性を意味する「**イクメン**」の他、「**AKB48**」「**女子会**」などが入った。

平成23年（2011年）

●3月11日午後、宮城県沖約130キロを震源とするマグニチュード9・0と日本の観測史上最大規模の地震が発生し、「東日本大震災」と名付けられた。死者・行方不明者は約1・8万人、被害額は16兆9千億円で、阪神大震災の1・8倍。震災に伴い、東京電力福島第一原発では、全電源が失われメルトダウンが起きた。
この年、女子サッカーW杯で世界を制覇した「**なでしこジャパン**」に、新語・流行語大賞でも年間大賞。トップテンには、「**スマホ**」「**帰宅難民**」「**3・11**」も加わった。

平成24年（2012年）

●米国、中国、フランス、ロシアなど主要国で大統領選や政権交代が重なった。米国のオバマ大統領は11月に再選され、2013年から2期目に入る。中国は胡錦濤国家主席の後任に習近平副主席を選任。ロシアでは、前大統領で首相のプーチン氏が4年ぶりに大統領に復帰。北朝鮮は金正日総書記の死去で、金正恩氏が後継者となり、4月に新体制が発足。
●日本では、年末の衆院選で自公が政権を奪回し、第2次安倍内閣が12月26日発足した。
●消費税増税法は8月に成立し、この時点では15年10月、10％への引き上げを付則で示した。
トップテン入賞語の中に、「**iPS細胞**」、政党の「**維新**」、格安航空会社の「**LCC**」などが見られる。

平成25年（2013年）

●9月7日、ブエノスアイレスで開かれたIOC（国際オリンピック委員会）総会で、東京が2020年の第32回夏季五輪の開催都市に選ばれた。東京で開かれるのは、56年ぶり。
●ケネディ米元大統領の長女、キャロライン・ケネディ氏が女性初の新駐日大使として11月に着任。
年間大賞の中には、NHKの朝ドラで、東日本大震災を描いている『あまちゃん』で多用された「**じぇじぇじぇ**」。またトップテンには、大気汚染による微小粒子物質「**PM2・5**」や、「**アベノミクス**」も登場している。

平成26年（2014年）

●消費税率は4月、5％から8％に17年ぶりの増税。10％への引き上げは、2四半期連続マイナス成長のため17年4月へ延期。
●13年の参院選で自民が圧勝し、衆参両院のねじれは解消していたが、この年12月の衆院選でも自民・公明の与党が圧勝し、24日、第3次安倍内閣が発足した。
年間大賞にも「**集団的自衛権**」*が「**ダメよ～ダメダメ**」と並んで入っている。

*「集団的自衛権」は憲法解釈を変更し、自国が攻撃を受けていなくても、他国への攻撃を実力で阻止できるとしたもの。

平成27年（2015年）

●9月、安倍政権は「集団的自衛権」の行使を可能にする安全保障関連法について、反対を押し切って成立させた。
●5年後に迫った東京オリンピック・パラリンピックは、総工費が想定の倍近くに膨れ上がり、新国立競技場建設計画を白紙に。類似が問題になった公式エンブレムも選定「やり直し」に。

年間大賞二つのうち、一つは中国人観光客による「**爆買い**」、そのほか、トップテン入りの言葉には「**アベ政治を許さない**」「**ドローン**」など。

平成28年（2016年）

●11月の米大統領選で共和党のトランプ氏が予想を覆し、民主党のクリントン氏に勝利した。共和党は8年ぶりに政権を奪還、上下両院選でも過半数を維持した。
●地球温暖化対策の新枠組み「パリ協定」が11月発効した。
●国内では、安倍首相が消費税10％への増税を17年4月としていたが、さらに2年半延期して19年10月実施とする再延期の方針を示した。これに伴い軽減税率の仕組みを導入するという。

トップテンの言葉には、反グローバルな思想を打ち出す「**トランプ現象**」「**マイナス金利**」など連日のように報道されている言葉が登場した。

平成29年（2017年）

●1月に米国の第45代大統領に就任したトランプ氏は、執務初日にTPP（環太平洋パートナーシップ協定）から離脱する大統領令に署名、6月にパリ協定からの離脱を、10月にはユネスコ脱退を表明した。米国第一を掲げるトランプ政権は、国際秩序を一層不透明に。
●10月の衆院選で、自民・公明両党は定数の3分の2（310）を超える313議席を確保。安倍首相は5月、憲法改正に意欲を示す。

年間大賞二つは「**インスタ映え**」と「**忖度**」。どちらもよく使われる新語だ。

平成30年（2018年）

●平成の30年間、日本は戦争に巻き込まれることはなかったが、大きな災害はしばしば起こった。7月に岡山、広島、愛媛など西日本各地で、死者220人以上の平成最悪の豪雨災害に見舞われた。また、9月に入ると台風で関西国際空港が孤立したほか、北海道で最大震度7の地震により41人が犠牲になり、道内で大規模停電（ブラックアウト）が起きた。

新語・流行語大賞は、女子カーリング日本チームの掛け声「**そだねー**」が年間大賞に選ばれた。トップテンには「**災害級の暑さ**」「**スーパーボランティア**」などが入った。

経済の流行語・論点でたどる平成史　目次

はしがき 002
経済の新語・流行語から日本の将来を展望する

平成30年間の日本社会と経済の主な出来事 004

第1章 「バブル経済」と「消費税」で始まった平成元年 021
1 「バブル経済」で始まり、いろいろと…… 022
2 平成初期の経済用語から 023
3 消費税3%から 026
4 安倍政権の消費増税 027
5 消費税の下支え策 027
6 軽減税率の導入 028
7 「消費税14%説」と「財政の黒字化」 030

第2章 規制の緩和・改革 033
1 規制緩和の考え方 034
規制緩和の定義 034
2 構造改革と規制緩和 035
公社などの民営化 035
3 自動運転車の時代 037
通信機能が大事 037
4 「国家戦略特区」 039
ミニ独立政府？ 039
5 岩盤規制とドリル 040
供給の制約改善 040

第3章 世紀をまたぐ「IT革命」 043
1 「新しい産業革命」論 044
2 最近の主なIT用語 046
ウィンドウズ10 046
IoT（インターネット・オブ・シングス） 046
ハイレゾ対応ウォークマン 047
IT巨人 047
プラットフォーマー 047
量子コンピューター 048
クラウドソーシング 048
エッジコンピューティング 048
ネトゲ廃人 049
3 ロボット戦略・ナノボット 049
ロボット新戦略 049

人型ロボット 051
ロボットとAI 051
ナノボット 052
4 フィンテック革命 053
5 細るテレワーカー 054
6 シェアリング・エコノミー 055
ライドシェア 055
ギグエコノミー 056
7 メルカリ上場 057
8 官主導の携帯料金 059
スマホ「4年縛り」 060
9 改正マイナンバー法の問題 060
個人情報保護法改正案 061
改正マイナンバー法成立 063
届かないマイナンバー通知カード 063
10 仮想通貨とブロックチェーン 064
仮想通貨「NEM」の流出 064

第4章 「リーマン・ショック」から10年 067
1 「リーマン・ショック（危機）」 068
2 サブプライムローン 069
3 リスクの根源 069
4 危機がもたらしたもの 070
5 世界の債務2・7京円 072
6 日本の「ミニバブル」 073

第5章 人口縮小と雇用問題 075
1 日本の人口問題概観 076
総人口 076
人口のブラックホール・東京 076
若年女性半減との試算 077
少子化のわな 078
2 「生産年齢人口」の減少 079
働き手の減少と高齢者 079
3 人口減少の影響とその広がり 081
人口減で水道料金上昇 081
人口減少の広がり 082
4 人口オーナス（平均寿命の地域差・人口移動） 085
平均寿命の延びに地域差 085
人口移動の傾向 086
5 人口縮小と外国人材 086
6 「エイジレス社会」を目標に 089

7 大卒生の就職と就活ルール問題 090
就職内定さらに前倒し 090
就活ルール問題 091

第6章 「アベノミクス」がもたらしたもの 095

1 アベノミクスの初期 096
大胆なスタート 096
2 異次元金融緩和の手法 097
日銀の大量国債購入 097
3 金融緩和5年後 099
緩和の副作用 099
上場企業の4割で「日銀が大株主」 100
政策の修正 101
4 政府の台所 102
家計にたとえると 102
予算の諸問題 103
5 財政的児童（幼児）虐待 105
論議・骨太の方針 105
6 「3本の矢」のその後 106
民間の後押し戦略 106
7 働き方改革 109
改革の意義 109
働き方法案 110
「違法残業」の基準 112
「過労死防止」へ大綱改定 112
8 GDP目標と今後 114
GDP600兆円の目標 114

第7章 追い付かない社会保障政策 117

1 「2025年問題」 118
高齢者の統計から 118
団塊の世代すべて後期高齢者へ 118
2 「フレイル」 120
「社会保障給付」2040年度190兆円へ 120
3 年金制度の改革 121
年金制度の一元化 121
「新ルールの年金額」試算 123
4 管理が甘い「日本年金機構」と情報流出 123
5 医療費問題 124
6 「待機児童問題」 125
7 身体障害者雇用問題 127
「身体障害者手帳」 127
8 まだある課題から 128

新オレンジプラン……128

第8章 女性の社会進出……131

1 増える働く女性……132
女性就業率主要国並みに……132
女性給与、4年連続最高……133
ノケジョも増える……133

2 女性活躍推進法……134
女性活躍に法的裏付け……134
補足……135

3「女子力」とは？……136

4 ジェンダー・ギャップ……138
男女格差の国際比較……138
「候補者男女均等法」……139

5 働く女性の結婚……140
増える再婚……140
生涯未婚率……140

6 今後の課題……141
「働く女性」の意識調査から……141
女性役員……141
男女平等の度合い……142
ガラスの天井……142

第9章 京都議定書からパリ協定へ……145

1 京都議定書から20年……146
「脱炭素」を巡る激しい競争……146

2 パリ協定……147
先進国と途上国の合意……147
パリ協定の骨子……148
温室効果ガス「2050年に80％削減」……148
「2030年に26％」削減案……149

3 米国の協定離脱……151
自国優先のトランプ……151
「パリ協定」から1年……152

4 再生エネルギーの諸問題……152
拡大する世界の「再生エネルギー」……152
「太陽光発電」の制度見直し……154
「洋上風力の新法案」と再生エネの事情……155

5 課題、電源構成……156
脱炭素への長期戦略に異論……156
望ましい電源構成とコスト……157

6 プラごみ対策など……159
廃プラスチック「脱ストロー」……159
微小プラごみ……159
「プラごみ」対策……160
増える「電子機器のごみ」……162

7 環境問題に関わる新語から 162
SDGs 162
ダイベストメント 163
ESG投資 163
全固体電池 163
気候変動適応法 164

第10章 「インバウンド」増加・働く外国人受け入れ 165
1 増える「インバウンド」と消費 166
訪日客急増 166
インバウンドの消費 166
2 「爆買い」一服 167
「爆買い」に新語大賞 167
3 民泊利用と法規制 169
住宅宿泊事業法 169
「民泊新法」のルール 170
4 観光立国への課題 170
違法ガイド 170
地震の教訓 171
5 「働くヒト」への開国 172
与野党対決の姿勢 172
外国人材拡大法 173
外国人純流入、最多に 174
6 ドイツの経験に学ぶ 175
ドイツ移民受け入れの経験 175

第11章 目立たない地域創生 179
1 「負動産」の時代 180
地価下落と空き家 180
2 地方創生の政策 181
目指した「地方創生」 181
まち・ひと・しごと創生法 183
地方拠点強化税制の創設 184
3 ふるさと納税 186
人気高まる「ふるさと納税」 186
寄付文化を根づかせるか? 187
4 書店ゼロ／「町村総会」論議 188
増える書店ゼロの自治体 188
「町村総会」の設置検討 189
5 あげにくい成果 190
人口移動から見ると…… 190
2045年の地域別人口推計 190

第12章 トランプ現象の影響とその行方 193

1 米中貿易戦争 194
米国、鉄鋼・アルミに上乗せ関税 194
1対6の通商政策 195
中ロも保護貿易反対 196
広がる米中の上乗せ関税 197
米国内の反響と動き 198
米中貿易戦争これまでの整理 199
2 中国の長期目標 201
輸入目標・「中国製造2025」 201
3 日米間の通商問題 202
日米間の貿易に溝 202
新たな日米貿易協議の枠組み 203
自動車と農産物 204
米国の武器輸出 206
4 米国第一主義の波紋 207
WTO機能不全 207
国際機関離脱も 207
「大統領令」 208
5 トランプ流政治の支持層とその課題 209
「ラスト・ベルト」 209
税制改革 210
今後の課題 211
6 中間選挙の結果をどう見る 212
米中間選挙結果 212
7 「ブラックスワン」の株価 215

第13章 身の回りの経済新語・流行語から 219
1 飲食 220
「コメの栄養素減少」 220
2 売買 221
「ネット通販」で物価抑制？ 221
膨らむ「シェアエコ市場」 221
3 成長 222
「18歳成人」に25法案 222
4 社会 223
「忘れられる権利」の波紋 223
「迷子の土地」 225
「転職市場」の広がり 227
5 お金 228
既婚シニアの「へそくり」 228
男性会社員の小遣い 228
6 貯める 229
増える「タンス預金」 229
平成後期の家計部門（現金も預金も過去最高） 229
7 その他、日常 230
花粉を出さない杉 230

第14章 情報技術・医療などの大飛躍 231
1 人工知能 232
AIと人間 232
AIの弱点 235
AIの広がり 237
2 新しい乗り物：自動運転、空飛ぶクルマ、ドローンなど 239
自動車 239
空飛ぶクルマ 243
ドローン 244
ドローン活用の新ルール追加 246
3 他の新技術 246
量子コンピューター 246
「5G」の活用 247
「5G」活用で企業提携 248
「木のクルマ」 248
4 医療分野での大飛躍 249
新しいがん治療法の「免疫療法」にノーベル賞 249
5 一連の大飛躍が、日本の未来を明るく照らす？ 250
「無線送電」 250
「脳で入力」？ 251
「レアアース」と日本の未来 252

第15章 あらゆるものが変革へ 255
1 巨大IT企業の出現 256
「GAFA」（「プラットフォーマー」） 256
個人情報の大量流出 256
「EU、グーグルに制裁金」 257
「アマゾンの協力金」公取委問題に 257
2 日本企業、生産性志向に乗り遅れ？ 258
企業の大型化、時価1兆円企業 258
「労働生産性」低下 259
「モジュール化」 259
3 さまざまな変革 261
「司法取引」経済犯罪を想定 261
「フリーランス」の増加 262
「モノ」から「コト」へ 262
「ブロックチェーン」の応用実験 264
4 変わればいいのに、変わりそうにない！ 265
相次ぐ企業の不祥事 265
世界の軍事費 265
世界の富の8割、1％が独占 266
「南海トラフ被害」推計1410兆円 266

あとがき 268
平成の日本経済における「新語・流行語」を追求して

第1章

「バブル経済」と「消費税」で始まった平成元年

1 「バブル経済」で始まり、いろいろと……

元号が昭和から平成に変わった平成元（1989）年ころの日本経済を振り返ると、「バブル経済」の真っただ中であった。土地や株などの資産が急速に値上がりし、やがて実体以上に大きく膨らんだ状態から泡がはじけるように急速に値下がりしていく。この時も昭和55（1980）年くらいから資産価格が上昇し始め、元号が変わる前後1〜2年を峠にして株などの資産価格は大暴落するという「大型バブル」に見舞われていた。

どうしてこういうことになったのか。それは、例えば株価や地価が上昇しているとき、正常な動きなのか、それともバブルになっているのかの判断が難しいためと言われている。悪いことにこの時のバブル崩壊は長引き、平成の初期は「失われた10年」という盛り上がりに欠けた景気になった。

例えば、株価は平成2（1990）年には40％近く下がった。その後は、小幅な上昇もあったが、平成10（1998）年までの年平均の下落率は、11％だったという。また、地価は調整のペースが遅く、平成2（1990）年に10％上がったあと、平成11（1999）年まで、ほぼ一本調子で値下がりした。この間の地価の平均下落率は、不思議なことに、株価と同じだったという。

ところで、平成元（1989）年は、1月7日昭和天皇が87歳でお亡くなりになり、翌日、元号が昭和から平成に変わった。昭和天皇の在位62年は歴代最長。天皇としても最もご長命だった。新元号の平成は中国の古典、『史記』と『書経』から「平」と「成」の2文字を取って組み合わせたもの。その意味を政府は「国の内外にも天地にも平和が達成される」ことだと説明した。確かにこの平成の31年間、日本は平和裡に幕を閉じようとしているが、そのスタートの1年は、経済以外にも様々な出来事があった。

まず、政治の動きを見ると、このころ、就職情報などで広く知られているリクルート社が値上がり確実とみられる関連会社の未公開株を自由民主党の実力者や経済界、マスコミの幹部にばらまいていたとして、大きな話題になっていた。当時の竹下登内閣は、このリクルート疑惑をきっかけとする政治不信、ほとんどの商品・サービスに税率3％の税がかかる消費税の強制導入などに、世論の反発が強まり、支持率が一ケタ台に追い込まれ、6月3日総辞職した。575日の短命内閣だった。後継には、宇野宗佑氏が選出され「改革前進」を打ち出したが、7月の参院選で、自民党が大敗北し、8月10日わずか68日の超短命政権で消えた。

この日、自民党は結党以来の危機感を背負い、海部俊樹氏を立てて、昭和生まれ初の首相が誕生した。ただ、国会の首班指名投票では、土井たか子社会党委員長に敗れるという波乱があった（衆参両院で首班指名が異なった場合は、衆院の指名が優先することになっており、海部俊樹内閣が発足した）。

目を海外に向けると、同じ年6月4日中国では、「天安門事件」が起こっている。中国学生の民主化要求運動に対し、中国政府は北京に戒厳令を発令し、人民解放軍を動員した。天安門広場では、非暴力の学生デモや、ハンストを行っていた学生、市民に発砲し、武力鎮圧した。政府側の発表では、死亡者は319人。政府は「反革命分子」狩りを強行し、多数の学生指導者や市民が逮捕された。中には破壊行為を理由に死刑になる人も出て、国際的な非難が高まった。

同じ年の12月末の新聞の哀悼欄（朝日　12・31）には、松下幸之助や美空ひばりの名が上がっている。

2 平成初期の経済用語から

平成の時代に入って、5年ほどたった平成6（1994）年、平成初期と言える時期に、たまたま取材し、翌年まとめた拙著『生活者重視への処方箋』（NHK出版刊）の中から、小見出しに使った以下の20用語を取り上げ、これまでの四半世紀25年間に、どういう役割を果たしたのかを見ることにした。用語の半分くらいは、あまり使われなくなったのはなぜか。今も使われている用語は？　などをチェックしてみることにした。以下は独断と偏見で20用語を分類したものである

①今では使われなくなった経済用語で、ほぼその役割を果たしたもの（5件）

△PL制度　△行政手続き　△金利自由化　△情報ハイウェイ　△マルチメディア

②何か具体的な目標を指すと言うより普通の言葉として使われているもの（11件）

△行財政改革　△内外価格差　△生活者　△過当競争　△公共料金　△流通コスト　△地方分権　△ベアゼロ論争　△日本型雇用　△日本官僚　△価格破壊

③今でも大きな政策目標になっているもの（4件）

△規制緩和　△地域活性化　△高齢化社会論　△環境意識

以上の20用語のうち、今ではほとんどメディアに登場しない「PL制度」は、欠陥商品による生命、身体、財産などの被害を救済しやすくすることを目的とした制度のこと。平成7（1995）年7月にPL（プロダクト・ライアビリティ）法（製造物責任法）が施行されて、日本でも欧米諸国並みに、メーカー側の「過失」の有無を被害者が証明する必要がなくなり、欠陥商品による被害であることさえはっきりさせれば、被害者は、メーカー側から損害賠償を受けることができるようになったのである。それにしても、この制度は平成の初めに大きな議論になったが、その後は、ほとんど問題なく運用されてきたと言ってよいのだろう。

「行政手続き」も、今ではそう頻繁に使われる用語ではない。ただ平成の初めころには、制度そのものがあいまいで、当局の「さじ加減ひとつ」で不利な扱いを受けるような例が少なくなかった。

分かりやすい例として言われているのは、人類最初

の行政手続きによる処分を受けたのは、アダムとイブだという説明である。

アダムとイブは、禁断の木の実を食べてエデンの園を追放された。つまり、それまで得ていた権利を失うという「不利益処分」だった。不利益な処分をする側（この場合は神）は、あらかじめ、どういう場合に適用するかの基準を示すこと（禁断の木の実を食べてはいけないことなど）、また、処分をするときは、事前に相手から事情を聞くこと（木の実を食べたかどうかの確認）、その上で処分するとなったら、その理由を一緒に開示するというルールになっている。この例は18世紀に英国の裁判所の判例で使われたものだという。

日本では、米国からの催促もあり、行政指導を公正かつ透明にするための行政手続法が、平成5（1993）年秋の国会でようやく成立した。関係する法律は360に及び、翌年10月から実施に移された。これによって行政機関が申請を受け付けないで「たなざらし」にしたり、「握りつぶす」ことも許されなくなった。また行政指導を明確化するため、当局は、求められた時は書面を交付しなければならないことになっている。

行政手続法やPL制度は、欧米に比べて遅れていたところを改善するという部分が大きい。従って制度の構造がしっかりしていれば、後で問題が起こることは比較的少なく、その用語がメディアで使われなくなったとみられる。

このほか「金利自由化」では平成6（1994）年10月から、民間金融機関の普通預金や郵便局の通常貯金など、いつでも自由に引き出せる流動性預金の金利が自由化された。定期の預貯金金利は平成5（1993）年6月で金利自由化のスケジュールとしては完了した。残る問題は銀行対郵貯の100年戦争と言われる案件などはあったが、時間をかけて名実ともに自由化の方向に向かうことが期待されている。

「情報ハイウェイ」とか「マルチメディア」は、いつの間にか、言葉自体が使われなくなっているが、平成12（2000）年7月には、政府は情報通信技術戦略本部を立ち上げ、11月にはIT基本戦略を打ち出すとともに、「IT基本法」を成立させている（法施行は翌年1月6日）。つまりマルチメディアなどを包含したIT（情報技術）という表現に変わっていったのである。

①で取り上げた5つの用語は、それなりに役割を果たしたと言える。これに対し、②で取り上げた用語は全体の半分以上を占めるが、たとえば「公共料金」のあり方を変えようとしても、難しい問題があって簡単にいかなかったりして、そのままになっているなどの事情があるのではないかと推測される。

また、③の今でも大きな政策目標になっている4件（「規制緩和」「地域活性化」「高齢化社会論」「環境意識」）については、本書の次章以下で取り上げる。

3 消費税3%から

日本で消費税が導入されたのは、平成元（1989）年4月であった。税金を納める人と負担する人が同じ直接税と、同じでない間接税があるが、直接税の割合が大きくなり、負担が重くなるのを是正するため、間接税である消費税が導入されるようになった。日本では竹下登首相の下で税率3％の消費税が始まったが、所得の低い人ほど税金の負担感が強くなる逆進性が問題になる。

税率の引き上げには長い期間がかかっており、5％になったのは、8年後の平成9（1997）年4月、5％から8％に上がったのは、さらに17年後の平成26（2014）年であった。政治的には、時の政権にとって、逆風をもたらすことが懸念されているようで、消費税を創設した竹下内閣は退陣に追いこまれ、5％に引き上げた橋本龍太郎内閣も消費増税による景気の冷え込みなどがあり、翌年の参院選に敗れ、退陣している。

国民生活が消費税で混乱するということは、なかったようであるが、消費税導入直前には「1円玉不足」が懸念されたという。不足を補うため神戸市の大学生協が学内だけで使える「1円札」の発行を表明するという出来事があったと伝えられる。

4 安倍政権の消費増税

安倍内閣の下で実施された8％への引き上げのときは、政治に直接影響するような動きは見られなかったが、平成27（2015）年10月に10％へ引き上げる予定については、安倍首相が前年秋、国内総生産（GDP）の数値が悪化したことを理由に、平成29（2017）年4月に延期し、衆議院を解散した。さらに、平成28（2016）年6月になって安倍首相は再度延期し、2019年10月に10％への引き上げが設定し直されたのであった。

直前に開かれた伊勢志摩サミットで、世界経済が「リーマン・ショック以来の落ち込みを見せている」と各国首脳に説明したことが導火線になったらしい。

安倍首相がこのように政治への消費増税の影響を気にしてきたことから、「再々延期」があるかもしれないという見方もあって、10％への引き上げの準備が遅れ気味のところもあるらしいと指摘される。こうした憶測《おくそく》を払拭しようと、10％への増税1年前に当たる平成30（2018）年10月15日、安倍首相は臨時閣議を開き、翌年10月の消費増税に備えた対策の策定を指示した。経済に影響を及ぼさないよう、あらゆる政策を総動員して対応するとも述べた。

5 消費税の下支え策

政府は19年10月の消費税10％への引き上げに伴う消費の下支え策の検討に入ったと伝えられる。今のところ3つくらいの案が考えられているようだ。

①買い物が得になる「プレミアム付き商品券」の発行
↓例えば、1万円で購入した商品券で、1万円超の買い物ができる。自治体などが発行し、上乗せ分の経費を国が補助する仕組みを検討。

②住宅の新築・増改築でポイントがもらえる制度↓平成27(2015)年に実施した「省エネ住宅ポイント制度」をもとに、省エネ性能の高い住宅だけでなく、バリアフリー住宅や耐震性能に優れた住宅など対象を拡大する案を検討。

③このほか、キャッシュレス決済で買い物をした消費者に2%分をカード会社などから付与することなどを検討↓商品券利用も。

ただ、こうした消費下支え策は、たくさん買った人の返金額が大きくなり、金持ち優遇策になりかねないという批判もあることから、最終判断には時間がかかりそうだ。

6　軽減税率の導入

平成元(1989)年に税率3%で始まった消費税は、平成の時代が終わった(2019)年の10月に税率8%から10%に引き上げられる。また、同時に「軽減税率」制度が始まることになり、こうした準備が本格化している。「軽減税率」は、所得の低い人に配慮した増税負担を軽くする制度である。

具体的に、消費税率が10%に引き上げられても、8%に据え置かれるのは、①酒類と外食を除く飲料・食料品、②週2回以上発行し、定期購読される新聞である。ここで言う外食は、「食事を提供する事業者がテーブルや椅子などの設備がある場所で、飲食のサービスを提供すること」とされている。出前や宅配は、食料品を届けるだけなので8%。一方、料理の出張サービス(ケータリング)は10%扱い。

ただ、軽減税率の導入に当たっては、店内に飲食スペースのある小売業者にとっては、価格表示が難しい。財務省は価格表示の方法を3案例示している。①持ち帰りと店内飲食それぞれの税込み価格を表示、②店内に注意書きを掲示しながら、どちらか一方の税込み価格を表示、③税込み価格を統一、という3案だが、同じ食べ物なのに、食べる場所によって税率が変わることに違和感を持つ小売業者が多いようだ。

国税庁は、2016年の通達で、店に対し、こんなアイデアも出している。まず、イートインと持ち帰りのどちらを選ぶのか消費者の意思を確認する。難しいのは、客が多く、購入点数も多いスーパーなどである。人込みの中で、税負担を嫌って申告せず、こっそり飲食する人が出る可能性もある。そこで混乱を防ぐため小売店側に推奨しているのが「疑似一物一価」である。

この仕組みは、イートインと持ち帰りで選択が分かりやすい商品は、本体価格を調整し、どこで食べても顧客が払う税込み価格が同じになるように設定する。本体価格はイートインなら低め、持ち帰りなら高めに設定することになる。

既に軽減税率が導入されている欧州では、ドイツのマクドナルドなどで、こうした価格設定が採用されている。線引きは店側の会計処理だけで済み、顧客を巻き込む混乱は生じにくいと言われているのだが。

軽減税率の導入から4年後、2023年10月には、これに対応するための新たな経理方式である「インボイス制度」が導入されることになっており、その準備も必要になっている。インボイスは消費税が定着している欧州では、広く使われている「税額表」とも呼ばれる書類で、取引の際の税率、税額などが明確になり、経理の透明性が高まる。立場の弱い中小企業が取引先の大企業に増税分を請求できないといった問題を防ぐのにも役立つとされる。

ところで、食料品などを2%の増税対象から除く「軽減税率」の仕組みが取られることから、税収という面では、減収になる。

自民党税制調査会の宮沢洋一会長は平成30（2018）年9月記者団に対し、その穴埋めの財源としては、「約1兆円が必要になる」ことを明らかにした。このうち「0・4兆円はメドがついているものの、残り0・6兆円の確保が難しい」という。候補の一つとしては、自治体の高額な返礼品が問題となっている「ふるさと納税」の規制を考えているようだ。その他は検討中だが、2040年に高齢化がピークになることなどから、消費税率を10％に上げた後も、さらなる増税が必要と強調した。

なお、消費税収入は創設された平成元（1989）年度は約3・3兆円であったが、税率のアップで平成29（2017）年度には約17・5兆円になっており、税率が10％に上がると税収は5兆円超増えると見込まれている。

7「消費税14％説」と「財政の黒字化」

日本の消費税率は、19年10月に、現在の8％から10％に引き上げられることになっているが、その後はどうなるのだろうか。経済同友会の小林喜光代表幹事は、平成30（2018）年4月26日、複数メディアとのインタビューで、消費税の税率を「2025年までに14％まで引き上げる必要がある」と述べた。消費税率の引き上げは、10％で終わりそうにないということのようだ。

日本の財政は歳出が税収を大きく上回り、毎年の予算で赤字国債を発行して税収の不足を補っている。このため、国と地方合わせた長期債務が1000兆円を超え、先進国で最悪の財政状態だと言われている。

この状況を改めるため、政策経費を毎年の税収などで賄えるようにするための指標である「基礎的財政収支」（プライマリーバランス／PBとも言う）を改善することにした。国の場合で言えば、社会保障や公共事業など政策に使う経費が年間に得られる税収や副収入でどのくらい賄えるかを見る。国債発行を除いた歳入と、国債の元利利払いを除いた歳出の差で表わすのである。

政府はこれまで20年度にPBの赤字を黒字化する目標を掲げてきた。ちなみに平成29（2017）年度の赤字は18・5兆円。しかし、歳出の抑制が十分ではなく、成長率も上がらず、目標達成はできそうにないことが明らかになった。PBを黒字にする目標年を先送りせざるを得ないとみられるようになったのである。

消費税の税率引き上げを提案する小林氏もPB赤字については「団塊の世代がすべて75歳以上になる25年までにゼロにすべきだ」と述べているが、その直後、政府も黒字化の目標時期を5年先送りし、25年度に達成する検討に入ったと報道されるようになっている。

それにしても25年度に黒字化目標を達成するのも容易ではない。税収の大きさを決める名目成長率について、バブル期以後達成したことのない3％超の成長が続くことを前提にしているからである。

内閣府は、追加の歳出削減をしなければ、黒字化の時期は27年度になると試算している。

その後政府は、25年度黒字化の中間目標として、21年度には財政収支の赤字をGDP比で3％以内に圧縮することも検討すると報道されている。

一方、小林氏はこの財政悪化について「次の世代にこんな負担を回していると、突然、国債が暴落することもありうる」と強い懸念を示し、その対策として、米欧のように独立した第三者機関が財政再建を冷静に見るようにする必要があるとも指摘している。

第2章

規制の緩和・改革

1 規制緩和の考え方

規制緩和の定義

英語では「deregulation」。経済学や公共政策などの文脈で、ある産業や事業に対する政府の規制を縮小することを指す。もともとの「deregulation」は「規制緩和」ではなく、規制撤廃の意味が強い言葉であるが、日本では、規制撤廃に反対する官僚が意図的に意味をずらして翻訳したため、そのまま国内で広まったという（ウィキペディア　平成30・11・21）。

本著の冒頭にある「平成30年間の日本社会と経済の主な出来事」を見ると、平成5（1993）年の「新語・流行語大賞」（流行語部門）の金賞に「規制緩和」が入っている。細川内閣が景気てこ入れ策の一つとして打ち出したという。

そんな以前からよく使われていたという記憶は薄れがちになっている面もあるが、規制緩和という言葉は、その後も特に経済界に根強く残っている。

さらに、小泉政権以後の自民党政権や民主党政権、それに石原慎太郎元都知事をはじめ地方自治体の首長などにも規制緩和に積極的な人物が多く見られた。

ただ一口に規制と言っても、安全基準や技術企画、所有、事業範囲など企業活動の様々な側面を扱うものであるため、規制緩和の形も体系的な形では存在せず、政策は過去の事例研究を通して形成されるのが普通とされている。

著名な経済学者の規制緩和に対する見方を、以下に紹介する（ウィキペディアより）。

＊経済学者・飯田泰之氏↓「政府による産業の規制は、基本的には潜在ＧＤＰ成長率にマイナスにしか働かない」

＊経済学者・野口悠紀雄氏↓「規制緩和によって、経済活動を活発化させる必要があるという点では、多

くの人が賛成するだろう。しかし、個別のテーマになると、賛成と反対が対立する」

＊経済学者の田中秀臣氏↓「貿易自由化や規制緩和の効果が実際に現れるのは、長いスパンが必要であり、5〜10年で見ないと良し悪しは言えない」と指摘し、さらに「昭和55（1980）年から平成元年（1980年代）の日本は、それ以後よりも規制の多い経済であったが、平成2年からの10年（90年代）や平成12年からの10年（2000年代）より高い成長を達成している。それは適切なマクロ経済政策があったからだ」

＊ノーベル経済学賞受賞のジョセフ・E・スティグリッツ氏↓「目指すべきは規制緩和などではない。議論すべきは、適切な規制とは何かということである。規制なしで、機能する社会はありえない。問うべきなのは、どんな規制が良い規制なのかということである」《**引用者註：スティグリッツ氏は、規制緩和に誤りがあることを注意したとみられる**》。

＊経済学者のラグラム・ラジャン氏↓「要するに競争を阻害しないように注意を払いながら、適切な規制を導入すべきである。安全確保という大義のために規制を強化するにしても、競争条件の公平性をゆがめてはいけない」

2 構造改革と規制緩和

公社などの民営化

日本は、昭和55（1980）年半ば以降、「構造改革」を進めるようになった。昭和60（1985）年に日本電信電話公社がNTTグループとして民営化。同じ年に日本専売公社は、塩事業を別に分離し、本体は、日本たばこ産業株式会社、愛称「JT」に変えた。昭和62（1987）年には、日本国有鉄道（国鉄）の民営化で、ＪＲグループと日本国有鉄道清算事業団に衣替えした。このほかにも日本航空、日本郵政公社、道路4公団などが相次いで、民営化している。

また、平成7（1995）年4月には国の行政改革委員会の下に「規制緩和小委員会」を設置した。そして、平成13（2001）年に政府は「規制改革推進3か年計画」を閣議決定し、平成15（2003）年時点で222件の規制緩和措置を実行している。具体例としては、アルコール専売法を廃止し、代わってアルコール事業法を施行。割賦販売法を改正し、新規参入についての需給調整規則を削除。農地法を改正し、株式会社による農地経営を解禁。道路交通法を改正し、民間人による駐車監視員制度を導入。会社法を改正し、株式会社の最低資本金を1円からに……等々。

日本の規制緩和は、昭和45（1970）年くらいに始まった米国の規制緩和の刺激を受けたと思われる。平成時代の初期にワシントンのブルッキングス研究所で、米国の規制緩和について取材したことがある。あの米国でも昭和52（1977）年にはＧＮＰ（国民総生産）の17％が何らかの規制を受けた産業による生産だったが、昭和63（1988）年になると、規制を受けているのはＧＮＰの6・6％に縮小したという。

日本の構造改革も規制緩和の一つと見ることはできるが、構造改革は国有企業の民営化に重点が置かれた。この背景には、国鉄のように大きな負債を抱えていたため破綻会社の再生といった感覚で民営化されたものもあった。また、電電公社については、トップの真藤恒総裁の方から、本格的な事業経営を推進するためには民営化が必要と要望を投げかけてきた例もあったようだ。

民営化がある程度見通しがついたところで、いわゆる規制緩和が小泉純一郎内閣（平成13〜17年＝2001〜05年）などの手で本格的に動き出したのである。この時期については、経済学者の原田泰氏は「小泉政権・第一次安倍政権下では、公共投資が減少しているのが特徴である。政府最終消費支出も横ばいであり、両者を合わせても政府支出は減少していた」と指摘しており、前述の田中秀臣氏と同じく、この当時のマクロ経済政策が経済運営に有効だったという見方を示している（ウィキペディア「聖域なき構造改革」参照）。

3 自動運転車の時代

通信機能が大事

自動運転の車が平成27（2015）年10月の東京モーターショーに展示された。ボタンを押すとハンドルが引っ込み、代わりに液晶画面が現れる。行き先を設定すると、自動運転で目的地まで走る電気自動車であった。運転手がハンドルを握らずに走る「自動運転車」の一つである。

つまり、歩行者や障害物など周囲の状況を人の「目」や「脳」でとらえるのではなく、カメラやセンサーを使って認識し、車に載せた人工知能が判断して、ハンドルやブレーキを自動的に操作して走る。曲がり角の先の見えない場所の情報も人工衛星から得られるようにするといった車で、今、各メーカーが開発を競い合っている。

しかし、どんな道路でもドライバー不要という車はまだ開発されていないようだ。それだけでなく、事故を起こした場合の責任の所在など道路交通の基本に関わる諸問題があり、実用化の方向もまだ見えていない。このため、「自動運転車」と言っても、運転席もない完全な自動運転車を「レベル4」とすると、運転者は乗っている「レベル3」では緊急時などには運転者が対応する。この段階では、各社はとりあえず「レベル2」を目指して開発競争をしていると言われてきた。ということは、「自動運転車」と言っても、まだ、言葉の定義や概念がはっきりしているわけではない。

安倍首相は、この年10月の科学技術の国際会議で「2020年の東京では自動運転車が走り回っている」と述べたが、実用化できる時期について開発中の各社も、自転車や歩行者がいない高速道路だけを対象にして、2020年の東京オリンピック・パラリンピックを目標にするメーカーが多いようだ。

「自動運転車」のメリットとしては、「交通事故が減り、渋滞も少なくなる」ことが期待されている。事故の大半は運転手の不注意・居眠りなどのミスから起きているのと、無理な車線変更やブレーキ使用が減ると見られるためである。また、狭い場所での駐車も安心して任せられそうである。

さらに、2030年には高速道を走る車の半数以上が自動運転になるという予測も出ている。「自動運転車」の普及が早いとなると、産業の裾野の広がりという経済効果が大きくなる可能性がある。電機大手が自動運転向けのAI（人工知能）やセンサーの技術開発を加速し、電子機器の需要も高まると予想されるからである。

ところで、政府は20年の東京五輪では、選手村や会場がある東京臨海部と成田空港の間を、無人のバスやタクシーが高速道路を使って走行できるように、道路交通法などの規制を見直す計画を持っていると伝えられる。新しい乗り物には新しい規制が必要になる。技術的な発達の速さに、規制やルールが後れを取らないようにすることが大事である。

それにしても、無人の「自動運転車」が周囲のすべての情報を把握して走るのは容易ではなさそうだ。また、車に搭載したシステムの故障や、ドライバーのいない車の事故の責任など、全く新しい道路交通のさまざまな問題が山積しているのである。トヨタ自動車の豊田章男社長も「無人運転ではなく、あくまで自動運転だ」としている。

なお、車に外部と通信できる機能を持たせ、高精度の地図情報を備えて道路状況を判断しながら、ハンドルやブレーキを操作するのは、「自動運転車」の基盤となるものであるが、もう一つのメリットは、多くの車から膨大な情報を集めると、そのビッグデータがサービス強化の武器にもなりうることである。このため、車に通信機能を持たせる動きが強まっている。こうした車は「コネクテッドカー（つながる車）」と呼ばれていて、急速に増えると見られている。

4 「国家戦略特区」

ミニ独立政府？

安倍政権は、「成長戦略」の柱の一つとして、地域限定でさまざまな規制を緩和し、産業の国際競争力を強化しようと、「国家戦略特別区域（特区）」という仕組みを設けている。「国家戦略特区」の特徴の一つは、地方で生まれたアイデアに規制緩和が必要となった場合、これまでと異なり、厚い岩盤に守られているような規制を国、特に官邸がトップダウンで改革メニューを決め、緩和あるいは改革しようとする。

この過程で各省庁が地方に抵抗することを封じ、国、地方自治体、企業の3者統合本部が「ミニ独立政府」のように決められる主体性を持つ。こうした手法で規制の岩盤をこじ開け、民間の活力を引き出そうとする狙いがある。

全国各地の200件以上の提案の中から「国家戦略特区」に指定されたのは、左の6地区と、後から加わった4地区合わせて10カ所である。

①東京圏（東京都、神奈川県、千葉県成田市）
②関西圏（大阪府、兵庫県、京都府）
③新潟市
④兵庫県養父市
⑤福岡市
⑥沖縄県

それぞれの目標は、東京圏では、2020年の東京オリンピック・パラリンピックに向けて、世界各地から人材、資金、企業を呼び込めるような国際ビジネスの拠点づくりを目指す。このためには、建物の規制やグローバル企業の雇用条件などの緩和が必要となる。関西圏では、京都大学のiPS細胞研究所のような世界に先駆けている分野の強みを生かし、医療のイノベーション拠点にする。また、新潟市は大規模農業の改革、養父市では中山間地農業の改革、福岡市は創業のための雇用改革、さらに沖縄県は国際観光拠点づくりが目標とされている。

ところで、この「国家戦略特区」のあり方が平成29（2017）年に問題になった。大学の学部新設の規制にかかわるものである。もともと学部の新設は、原則として自由であるが、獣医学部の場合は、医学部や歯学部と同じく、獣医師らの増え過ぎを抑えるため、文部科学省が新設を認めてこなかった。

政府は最近、こうした規制を緩めるようになり、平成28（2016）年11月には、獣医学部の新設方針を打ち出して、事業者の公募を経て平成29（2017）年1月、愛媛県今治市に獣医学部をつくる計画が認められた。『開学は平成30（2018）年4月』。

野党が問題にしたのは、獣医学部をつくる学校法人「加計《かけ》学園」（岡山市）の理事長が安倍首相の知人だったことだ。「特区で総理の長年の友人が利益を受けている」といった野党側の指摘に対し、安倍首相らは一切の働きかけを否定している。

獣医学部の新設を考えていた事業者はほかにもあったようであるが、関西圏で新設を見送った事業者は、政府の特区諮問会議（議長、安倍首相）が平成28（2016）年11月、獣医学部の空白地域に限り新設を認める方針を出していたことから、ほかにも獣医師養成のコースがある「関西圏での新設は難しい」と判断したという。

しかし、真に規制緩和を推進しようというのであれば、1校だけでなく「今後の新設も検討する」という姿勢が大事ではなかったか。

5 岩盤規制とドリル

供給の制約改善

アベノミクスの中に安倍首相が最初から掲げていて、実績が上がってないものがいくつかある。その一つは規制緩和で、首相は「日本を世界で一番企業が活動しやすい国」にすることを目指し、岩盤規制を打ち破る「ドリル」になると言ってきた。

しかし、現実にはなかなか岩盤が硬くて「ドリル」で穴を開けるのは、難しそうに見える。これについて、政策研究大学院大学の竹中治堅教授は、首相の指導力が限られる原因として、国会の仕組みを指摘している。

国会の法案審議は、本会議のあと各委員会で法案の趣旨説明が行われ、審議に入るが、各委員会の権限は強く、しかも重要法案が厚生労働委員会など一部の委員会に集中する。この構造は一部の与党議員に法案の成否を決めるうえで強い影響力を与えており、首相でさえ彼らの意向を無視して政策立案を進められないことが多いという。「これが規制緩和を進めるのに膨大なエネルギーと時間を必要とする最大の理由だ」と竹中教授は述べている。

さらに規制緩和を考えるうえで重視すべき具体例として、以下の要件が重要としている。

＊情報通信技術の発達で、新規ビジネスが可能となっているのに、既存の業法が壁になっている（金融サービスのフィンテックなど）。

＊インフラ整備では、企業立地を巡り国際競争が激化していることから、羽田空港の発着枠の拡大、地方空港の一層の国際化、都市部から空港へのアクセス改善など。

また、企業の自由な活動を促すための規制の緩和や改革が成長戦略の中核になると言われる。ほぼ完全雇用の状態なのに、経済成長率は伸びず、所得が増えないのは、需要不足より、供給に制約があるためだと指摘する。過去にも、宅配便や携帯電話などの規制改革が運輸・通信の生産性を高め、大きな新規需要を生み出した例がある。

住宅や保育、介護など、人々に必要とされるサービスの供給増を妨げている規制を改善することが有効だとする主張もある。国の規制改革会議は委員が交替しても、特区のドリルで岩盤規制に穴を開けたり、大きく掘り込み、企業の活動を促したりする努力はまだまだ必要ではないか。

第3章

世紀をまたぐ「IT革命」

1 「新しい産業革命」論

既に見てきたように平成の時代は、土地や株式などの資産の価格が異常に上昇するバブル経済の真っただ中で始まった。間もなく株価も地価も急落し、まさに泡のごとく崩壊した。その後、株価も地価も20年以上本格的に上昇することはなく、「失われた20年」とも呼ばれてきた。

戦後の復興に伴う「高度成長」が昭和48（１９７３）年の第一次石油危機で止められ、日本経済を発展させる力が弱くなりつつあった。そうした中で出てきたのがマルチメディアなどとも呼ばれたＩＴ（情報技術）による大きな発展への期待である。

目を引いたのは、平成23（２０１１）年ころドイツで打ち出された「インダストリー４・０」（第四次産業革命）である。ウィキペディアによれば、これは18世紀から19世紀にかけて欧米で始まった蒸気機関の発展による第一次産業革命、１８７０年ころから第一次世界大戦直前の１９１４年までの間に起こった電力で大量生産する第二次産業革命、次に１９８０年代から始まり、世紀をまたいで現在に続いているデジタル技術への進歩を第三次産業革命としたものだ。

次なる第四次産業革命の特徴は、物理、デジタル、生物圏の境界をあいまいにする技術の融合だという。具体的にはロボット工学、人工知能、仮想通貨の記録に使われ、データベースの改ざんをほぼ不可能にしたブロックチェーンの技術、ナノテクノロジー、量子コンピューター、生物工学、モノのインターネット（IoT）、３Ｄプリンター、自動運転車など多岐にわたる。この第四次産業革命の波は「破壊的な効果を伴う可能性が高いいくつかの新興技術が十分に実行された時にやってくる」と言われている。

第四次産業革命を強調せず、「第三次産業革命」が迫っていると説く米文明評論家、ジェレミー・リフキンは、過去の産業革命と来たるべき産業革命について、次のように考えている（日経　平成29・10・17）。

19世紀以降、世界は2回の産業革命を経験した。1回目は19世紀で蒸気機関の発明により、人手や家畜とは比較にならない桁《けた》違いの動力を人類が使えるようになった。その結果、大量生産に適した近代的な機械化工場が登場し、移動手段としては、鉄道や蒸気船が普及し、電信サービスも商用化された。

第二次産業革命は、エネルギーに電力が登場し、工場に続いて家庭に普及した。また、移動のために自動車が誕生し、コミュニケーション手段としては、電話が注目を浴びた。

エネルギーで革新的なのは、太陽光や風力など再生可能エネルギーの急速な発展である。太陽光発電のコストは下がってきた。元々、太陽光や風力はただなので、発電の限界コストはゼロに近づいていく。今世界には、火力発電所や原子力発電所など100兆ドル相当のレガシー設備があるが、これらは数十年後には再生エネルギーに取って代わられ、無価値になる。

移動手段については、内燃機関を使うガソリン車やディーゼル車が排ガスゼロの電気自動車（ＥＶ）や、燃料電池車（ＦＣＶ）に置き換わる。もう一つは車を所有する時代から、1台の車を多人数でシェアする共有時代に移行するだろう。カーシェアが進めば、必要な車の台数は今の5分の1になるという試算もある。市民は安いコストで移動でき、環境負荷も大幅に減る。

情報技術の革新は、いろいろな可能性があるが、特にあらゆるモノがネットとつながるIoTに注目している。数年前に、世界に１４０億個のセンサーがあると言われたが、２０３０年には１００兆個を超える。では、第三次産業革命の特徴はどこにあるだろうか。

一つは、エネルギーコストのように、「コストの低減」である。ＩＴの場合も、データ通信や保存するコストが下がってきている。さらに、机上でたやすく造形できる3次元（３Ｄ）プリンターの登場で、単品モノを作るコストも大幅に下がりつつある。３Ｄプリンターは小さく安価な工場のようなものである。

2　最近の主なIT用語*

＊〈注〉平成27～30（2015～18）年ころに使用されたもの。

ウィンドウズ10

コンピューターの操作に必要な基本的な機能を提供する「OS（基本ソフト）」は、世界中のパソコンの9割以上が米マイクロソフト（MS）社のウィンドウズ（Windows）で占められており、そのウィンドウズの利用者は15億人とも言われている。

MS社は、平成27（2015）年1月、この年後半に「ウィンドウズ10」を発売する予定であること、また、今「8・1」か、その前の「7」を使っている人を対象に、この「ウィンドウズ10」を無料でアップグレードすると発表した。期間は「10」の発売から1年間だった。

MS社が無料でアップグレードできるようにするというのは初めてで、期間限定のサービスであるが、前回「8・1」の買い替え戦略が必ずしも成功したと言えなかったため、競争相手の米アップルやグーグルの攻勢に対抗して利用者の囲い込みを図ったという見方が出ている。

IoT（インターネット・オブ・シングス）

IT（情報技術）サービスがまた、産業界などで新しい局面を開いて行こうとしている。これまで、企業の会計や人事といった分野の管理で、大きな力を発揮してきたが、今後は自動車や家電などの製造分野も含めた幅広い産業が対象になると見られるようになってきたのである。

その役割を担うのは、工場などでIT機器以外の様々な機器をインターネットにつなぎ、得た情報を使って、機器の制御やデータ分析をする仕組みで、「IoT（Internet of Things）」と呼ばれている。あらゆる「モノ」にセンサーをつけて、情報をデータセンターに集める。そこで膨大な情報の処理をするのであるが、データセンターの最大手、NTTデータをはじめ富士通、日立製作所などの大手企業は2015〜17年度に設備投資を倍増させたと伝えられている。

産業のビッグデータだけでなく、橋や水道など社会インフラについてもネットで管理できるようになることなどから、世界のデータ通信量は2020年には約40兆ギガバイトになり、平成22（2010）年の40倍になると予測されている（ギガは10億）。

なお、「IoT」の活用は、企業などのデータのほかに、眼鏡や腕時計、美容・健康機器など身の回りのあらゆるものが通信機能を持つようになれば、個人の行動、遠隔操作、自動制御なども含めた概念になる。

ハイレゾ対応ウォークマン

「ハイレゾ」は、ハイレゾリューション（High-Resolution）の略語で、「高い解像度」を意味し、音楽用のCDを超える格段に大きい音楽データを指す。これによりCDでは及ばないきめ細かな優れた音質が実現されると言われている。

ソニーは、この高音質のハイレゾ対応のウォークマン、その中でも最上機とされる「NW‐ZX2」を平成27（2015）年2月に発売した（その後生産終了）（公式サイト、ウィキペディアほか）。

IT巨人

IT（情報技術）から、電子商取引や情報産業さらに、物流や金融、自動走行などにも広がる巨大で重層的な企業を指す。米国の「AGFA」つまり「アップル」「グーグル」「フェイスブック」「アマゾン」と、「マイクロソフト」を加えた5社は、世界の株式時価総額トップ5。中国の「バイドゥ」や「アリババ」も加えられる。なぜ米中に多いのか。両国は世界1位、2位の経済規模で、先進的な消費者が多いほか、規制にも柔軟性がある。

プラットフォーマー

IT（情報技術）関連でプラットフォームには別の意味もあるようだが、アップルやグーグルなど米国の巨大IT企業は、外部企業に事業の基盤となる製品やサービスを提供していることから、「プラットフォーマー」と呼ばれる。その活動範囲は大きく広がり、平成29（2017）年には四半期だけの売上高が円換算で10兆円近いところがある。ただ「プラットフォーマー」が扱うスマホの販売が最近減少に転じるという変調も見られ、注目されている。

量子コンピューター

「量子コンピューター」の特徴は「スーパーコンピューター」が数千年かけて解く問題を一瞬で処理できるところにある。日本は基礎研究では先行したが、商用化では遅れている。しかし、NECは頭脳に当たる基礎回路を2018年度中に開発し、2023年度にも実用化する。富士通は2020年度までに500億円を投じ、カナダに人員を派遣するなどして研究を進める。政府は2018年度から大学などの研究支援を強化する方針で、産官学の連携により巻き返す。

クラウドソーシング

企業がネットを通じて仕事を不特定多数に発注することを言う。時間や場所を選ばず、仕事ができる利便性から参加する人が増えているようで、2020年には国内で1千万人を超えるという。労働の質より量を求める仕事のやり方かと思われていたが、質を問う流れが加速しつつある。仲介会社大手の中には登録IT技術者の信用度を実績などから5段階に分け、企業の業務発注をしやすくし、最適な働き手を選べるようにしている例もある。

エッジコンピューティング

あらゆるものがネットにつながるIoT（モノのインターネット）の分野では、遠く離れたクラウドにデータを集中させることがAI（人工知能）や専用ソフトで分析しやすいとされてきたが、複数のロボットを同時に制御するにはクラウドでは間に合わない。そこでエッジ（末端）コンピューティングという考え方が新しい潮流として登場してきた。自動運転の車や遠隔医療でも通信処理のスピードが問題になる。エッジとクラウドの二つをどう組み合わせ、さらにＡＩをどう配置するか、集中と分散のバランスが企業の競争力をも左右することになりそうだ。

ネトゲ廃人

インターネットゲームは、五輪への採用が検討されるくらい普及しているが、やり過ぎて日常生活に支障をきたす症状もある。具体的には、「ゲームを最優先する」、「個人や家族、社会、学習、仕事などに重大な問題が生じる」というもの。最近は「ネトゲ廃人」という言葉も生まれた。韓国では、中高生対象の治療合宿を政府が始めた。世界保健機関は、18年に症状を定義し、病気の世界的な統一基準である国際疾病分類（ＩＣＤ）に「ゲーム障害」を盛り込む方針だ。

3 ロボット戦略・ナノボット

ロボット新戦略

平成27（２０１５）年2月、政府の「ロボット革命実現会議」が「ロボット新戦略」をまとめて公表した。これによると、２０２０年までに官民で１０００億円を投じて、同年の国内のロボット市場を現在の4倍となる2・4兆円に拡大する目標を掲げている。

また、２０２０年の東京五輪に合わせ、ロボットのオリンピックともいえる「World Robot Summit」が愛知県で開催される。高度なロボット技術を国内外から集め、その活用法について議論を活発化させるのが狙いだ。

なぜ今、「ロボット革命」なのか。一つは昭和55（１９８０）年ごろ以降、日本は「ロボット大国」としての地位を維持してきたが、近年、欧米の先進国と中国などの新興国の双方から急速な追い上げを受けるようになったことがある。もう一つは日本が少子高齢化や、これに伴う生産年齢人口の減少、社会保障費の増大などに直面する課題先進国になり、これらの課題解決に向けて、ロボットを活かしていく必要に迫られたという事情がある。

「ロボット革命実現会議」で安倍首相は「介護や農業、中小企業まで普及する世界一のロボット活用社会を目指す」と「ロボット革命」の目標を示している。また、「ロボット革命」の今後、２０２０年までの取り組みとしては、次のような目標が掲げられている。

〔**介護・医療分野**〕

＊介護ロボットの機器開発を進めるとともに、介護保険の対象となる機器を選ぶ手続きを見直す。

＊医療ロボットの実用化支援を２０１５～２０１９年度の5年間で１００件以上実施する。

〔**ものづくり・サービス分野**〕

＊ロボット活用により、製造業の労働生産性の伸び率が年間2％を上回るようにする。また、２０２０年の組み立てプロセスのロボット化率を大企業で25％、中小企業で、現状の大企業並みである10％を目標とする。

＊物流センターの商品仕分け、点検、出庫作業のロボット化率を3割へ引き上げる。

〔**インフラ・建設分野等**〕

＊国内の重要で老朽化したインフラの点検作業等の20％にロボット活用を目指す。

〔**農林水産業・食品産業分野**〕

＊収穫物の積み降ろし、除草、植林等の重労働の機械化・自動化などに貢献する新たなロボットを、この分野で20種類以上導入を目指す。

このほか、福島県浜通りに無人飛行型ロボットなどの実証区域を設置するなどの計画を盛り込んでいる。

また、ロボット・コンテストでよく知られている高等専門学校では、複数学科を横断する形で、今後の需要拡大が見込まれるロボット開発など三分野のカリキュラムを新設することが計画されている（あとの二つは情報セキュリティーと航空機整備）。さらに長崎県佐世保市の大型リゾート施設ハウステンボスでは、平成27（2015）年7月に開業したホテルを「変なホテル」と名付け、受付やホテル内の荷運び、掃除などをロボットが行っている。「ロボット革命」は静かに進行し始めているようだ。

人型ロボット

日本政府がロボットの開発に力を入れるようになった平成27（2015）年には、人型ロボットの一般販売が始まった。ソフトバンクから売り出された「ペッパー（Pepper）」は、6月販売分1000台の予約申し込みをネットで受け付けたところ、わずか1分で完売した。

「ペッパー」の機能は、マイクやセンサーを使って、相手の表情や会話の中から感情を読み取り、自ら感情を生成するのが特徴と言われている。消費税を除く本体価格は19万8千円。スマホのように、様々なアプリをダウンロードして使う。月々1万4800円の基本料のほかに保険料などがかかる。当初は約200種類のアプリをそろえており、童話の読み聞かせなど子どもの遊び相手、家庭内の伝言役、家庭教師（英語の勉強など）が出来る。さらにこのあと発売された企業向けタイプでは、接客や受付、介護現場での話し相手などを担う。

このほか、米IBMのAI（人工知能）型コンピューター「ワトソン」と連動させ、金融商品の提案役のような高度のサービスも可能になるとされた。

ロボットとAI

「人工知能」AI（Artificial Intelligence）は、考えたり、覚えたりする人間の脳にだんだん近づいているコンピューターと言えよう。ロボットの発達は、AIの開発に大きく左右されるだろうが、最近「2045年問題」という言葉がしばしば聞かれる。AIの知能がどんどん進化し、約30年後の2045年には人間の知能に近づくどころか、超えるのではないかという問題意識が米国未来学者から出ている。英国の物理学者故スティーブン・ホーキングらは、人間がAIを制御できなくなる危険性をも指摘している。

特許庁の調査によると、そのAI技術について、日本、米国、欧州、中国、韓国の5地域から2008〜12年に日本で出願された特許件数を見ると、米国や中国に比べて少なく、日本は大きく水をあけられている。特許の出願件数は、開発力や市場規模を反映すると言われており、AIの研究開発の強化を迫られている。

また、平成27（2015）年6月上旬、原発事故のような過酷な災害現場で活動することなどを想定したロボットのコンテストが米カリフォルニア州で開かれたが、日本から参加した4チームは苦戦し、敗退した。優勝は韓国科学技術院のチームで、上位に米国のチームが並んだ。

AIが賢くなれば、工場の作業員などの仕事を奪い、人間の脅威になるとまで言われるが、うまく使えば、日本のような人口減少に直面している国では大きな助けになる。現に空港では、旅行者らの荷物搬送や清掃ロボット導入の計画が進んでいる。ロボットとAIの研究開発に日本が後れを取ることだけは避けなければならない。

ナノボット

当面の成長戦略ではなく、未来の成長に関わる未来論に属する話であるが、最近マスコミに登場する言葉に「ナノボット」というものがある。

「ナノ」は、ナノテクノロジーと呼ばれる科学技術分野のことで、100万分の1ミリメートルという微小な領域を対象としている。「ボット」はロボットの略で、この二つの言葉を合わせた造語である。

平成27（2015）年1月3日から5回にわたって放送されたNHKスペシャルの「ネクストワールド、私たちの未来」で登場したほか、これに関連して、劇作家の山崎正和氏が新聞のコラムでも取り上げている（読売「地球を読む」平成27・4・19）。

山崎氏が紹介しているのは、米国を中心に興っている新しい未来論で、レイ・カーツワイルの著書『ポストヒューマン誕生』（NHK出版）が大きな影響を与えている。「ナノ技術とロボット工学の結合の産物である「ナノボット」については、「医学分野で既に活躍の予兆を見せており、抗がん剤を患部に正確に届けたり、血管や臓器の補修・代替に使われる可能性は既に認められている」という。

将来は栄養の摂取も排泄も「ナノボット」が行い、消化器官は不必要になるとも言うのであるが……。さらに、人工知能の進歩は目覚ましいものがあり、「最近では、学問的問題を自ら立て、解くばかりでなく、問題の立て方を修正できる人工知能もある」という。このように「人間の知能は、ほぼ完全に再現」することが可能で「これをナノボットに搭載して脳内に送り込み、人間を現在より飛躍的に賢明にするという著者の提案も肯くほかない」と山崎氏は書いている。

そういえばNHKスペシャルでは、人間の平均寿命も大きく伸びる可能性があることも示されていた。

4 フィンテック革命

「フィンテック」は米国発の造語で、金融（Finance）と技術（Technology）を組み合わせたものである。今のところ日本語訳はなさそうだが、金融とITを融合させた言葉で、「フィンテック革命」が米国をはじめ、世界で次々と起こっている。スマホやビッグデータに関連した便利な金融サービスが生まれ、個人や会社の取引慣行などを大きく変えようとしている。

決済や送金、融資といった金融サービスは、長年、銀行などが独占してきたが、2008年ごろから、特に米国で変わり始めた。ITの進化やスマホの普及で、少ない投資で大量のデータを集めて分析するなどの金融サービスを提供するようになった。米国の金融大手のトップは「銀行にとって代わろうと、頭脳とカネに満ちた何百ものベンチャー企業が出て来ている」と株主宛の手紙に書いている。企業の革新も「オープンイノベーション」つまり、同じ企業や組織だけでなく、社外を含めた幅広いアイデアをつのる手法で既存の価値観にとらわれない発想が生まれやすくしている。

日本で広がり始めたフィンテックのサービスとしては、以下のようなものがある。

＊スマホやタブレットに、小型読み取り装置を差し込んでクレジットカード決済をする
＊銀行などとネット上で連携し、個人の資産管理をするアプリ
＊ネットで小口融資の貸し手と借り手を結ぶ

しかし、フィンテック企業への投資額は２０１４年で1兆円規模に上るが、日本は50億円強にとどまっており、大きく遅れている。ただ、フィンテックの便利さには、買い物歴などのプライバシーがネットに流出するなどの懸念が付きまとうことも警戒の必要がありそうだ（日経電子版　平成27・11・8）。

5 細るテレワーカー

オフィスと自宅などを通信回線で結び、在宅勤務するなどの「テレワーク」への関心が薄れているようだ。

「テレワーク」はインターネットなどの情報通信技術を活用した、場所にとらわれない柔軟な働き方をさす。通勤時間やコストを減らすことができ、仕事の時間を柔軟に変更できるといったメリットがある。あるいは育児や親の介護などで出社できない状況でも働くことができ、休職や離職を避けることもできる。政府は20年に3割以上普及させるという目標をたてている。

テレワークには、就業場所によって、「在宅型」と「モバイル型」がある。「モバイル型」というのは、所属事業所以外のオフィスで仕事をするとか、外出先や移動中に作業をするものである。以前のテレワークの主流は「在宅型」だったが、国土交通省の実態調査によると、「在宅型」のテレワーカーは平成22（２０１０）年には３２０万人だったのが、平成24（２０１２）年

には3倍近い930万人まで増えた。しかしその後急激に減少するようになり、平成26（2014）年には550万人に減り、平成27（2015）年は公表されていないが、さらに減少しているとみられている。

その理由としては、職場から離れて働くことになるため、業務で取り扱う情報のセキュリティーをどう確保するか、あるいは、上司による労働時間の管理がないため、かえって長時間労働になるといった理由が考えられる。あるいは、スマホなどモバイル端末が発達しているため、そのメリットを生かして「モバイル型」のテレワーカーになっているとの見方もある。

6 シェアリング・エコノミー

典型的なシェアリング・エコノミーとは、個人が保有する遊休資産の貸し出しを仲介するサービスのことだ。総務省の平成27（2015）年度版「情報通信白書」には、そう定義されている。シェアリングの対象は、金融、人材、宿泊施設、自動車などさまざまで、米国のシリコンバレーを起点にしてグローバルに成長している。

ライドシェア

その例の一つ、スマートフォンを利用して、自家用車を持つ一般ドライバーが有償で客を送迎する「ライドシェア」（相乗り）のサービスを取り上げる。日本では、こうした「白タク」は原則禁止とする法規制があるため、現段階では、「ライドシェア」はほとんど普及していない。しかし、世界的には、米国やアジアなどで市場争奪の攻防が激しくなっている。世界の輸送サービス市場は5兆4千億ドル（約570兆円）とみられるが、それが変革期に入っているとされる。

今広がっている「ウーバー・テクノロジーズ」の「ライドシェア」の例を米サンフランシスコで見てみよう（説明は早大教授根来龍之氏・日経 平成30・7・1）。

ウーバーは運転手を雇っておらず、料金はタクシーの7割程度だという。個人事業主としての運転手に、自家用車で「供給者」になってもらう。スマホの位置情報システムで車を呼び出す。運転手が利用するシステムはスマホだけで、料金もスマホに表示される。こうした仕組みになっているため、固定費がタクシー会社より格段に安くなる。

運転手は働く日を自分で選ぶことができ、ほかに仕事があっても、パートタイムでの参加が可能になる。一方、利用者にとっては、料金の安さだけでなく、すべての経路が記録され、支払いはクレジットカードで本部を通じて行われる。このため、「料金をごまかされない」、「現地の言葉が通じなくても利用できる」といった利点がある。

ただ、運転手の技量や事故の責任のあいまいさなどの不安が残るが、これらの不安は運転手を登録するときのチェックや保険である程度カバーできる。

このような新しいビジネスモデルを持って、世界の約70カ国でサービスを展開するこの分野の最大手ウーバー社は、タクシー会社などから強い反発を受けている。それだけでなく、シンガポールや中国、インドをはじめ、各国でウーバーのような配車サービスを展開する会社が次々に登場し、競争が激化している。ついに中国ではウーバー社は自力の市場開拓を断念したと報じられている。

さらにアップルのようなＩＴ大手や、日独の自動車メーカーもこの分野に投資する動きが見られ、「ライドシェア」は新たな成長産業として、大きな注目を浴びている。

ギグエコノミー

前項の「シェアリング・エコノミー」と関連する用語だが、スマホを使って配車サービスをする場合の運転手や、ネット経由で企業から商品デザインを受注したデザイナーのように、一回一回仕事を請け負う就業の形が広がった経済社会を「ギグエコノミー」と呼ぶ。ＩＴ（情報技術）の発達に伴って広がり、経済の活性化をもたらす例の一つとみられている。

言い換えると「ギグエコノミー」は、場所や組織に縛られず、ネットで柔軟に仕事を請け負う働き方を表す言葉だ。仕事の発注者と労働者がスマホなどでつながるようになってきた。国際的にはその仕事の発注者の半分は米国企業。次いで英国、カナダなどだ。一方、労働供給国の上位にはインド、バングラデシュなど南アジア諸国が続く。

仕事の多くはIT系のソフトウェア開発で、情報サイトの制作も多い。この請負経済が普及すると、失業率が低下しても賃金や物価が上がりにくくなる。このためIT時代の新しい働き方で、労働者の待遇は守られているのかが問題になる。

前項で取り上げた急成長中の米「ウーバー・テクノロジーズ」の場合は、運転手が従業員ではなく、個人事業主として扱われている。米国では月に4回以上働く運転手は40万人に上ると言われている。特にウーバーの収入で生計を立てている運転手が増えたが、雇用されている従業員のような安定した待遇は得られていない。このため、労働者の権利を守り、待遇改善をすすめるよう訴える声が強まっている。

こうした動きを受けて、ウーバーは2016年春、ニューヨークで働く運転手が参加できる労働者組織の設立を認めた。正式の労働組合ではないが、待遇の問題などをウーバーと定期的に話し合い、運転者の生命保険加入などを支援していると伝えられる。

日本国内でも、デザインや、データ入力、家事などをネットで個人に仲介する「クラウドソーシング」が急速に広がっているが、仕事を受注する人と発注者は雇用関係にないため、都道府県ごとに賃金水準の下限を法的に定めて守らせる最低賃金制度が適用されないという問題に直面している。

著しく低い代金での仕事の発注を禁じた「下請法」は、個人も保護対象の下請け業者に含まれるというが、「ギグエコノミー」時代にふさわしい法制度と法令違反の取り締まりを制度として確立する必要がある。

7 メルカリ上場

ネット上で、個人同士が中古品を売り買いするフリーマーケット（フリマ）アプリが人気を集めている。

このうち、「メルカリ」（東京・港区）が平成30（２０１８）年6月19日、東証マザーズ市場に株式を上場した。平成29（２０１７）年7月から始めた「メルカリチャンネル」は、利用者が衣服などを売る時に、動画でアピールできるようになった。買うだけでなく、売るのも楽しいようだ。

「メルカリ」は、平成25（２０１３）年に個人が不用品を売買する仕組みをつくった。スマホで手軽に手持ちの品を売買し、17年のフリマアプリ市場は、前年比１・５倍の４８３５億円に拡大した。

米国では10億ドル（１１００億円）以上の企業価値が見込まれる未上場の企業は、伝説の一角獣になぞらえ、「ユニコーン」と呼ばれる。

メルカリの時価総額は4千億円規模とされているが、ユニコーン企業が１００社を超える米国や60社以上の中国に比べ、日本は後に続く企業が見劣りする。

それにしても、スマホを利用して衣服や家電製品などの中古品を簡単に売買できる仕組みは活発になっている。フリーマーケットの場をネットで提供するサービスが普及し、メルカリ、フリル、ショッピーズなど多数のサービスが展開されている。経済産業省の推計によると、平成28（２０１６）年の中古市場は、約2兆6千億円（車・バイクを除く）に達した。価格は売りたい人が提示し、買い手が応じればそれで成立する。

若者は以前ほど新品にこだわらなくなっているらしい。中古品で価格が付かないような品物が売れる時代にもなってきた。フリマアプリの「メルカリ」などネットを介する個人間の売買が便利になったためと見られているが、リユース業者も商材不足は死活問題になることから、以前より高い値段で買い取りに力を入れるようになってきた。中古品は長く市場と見られず、統計もほとんどなかった。しかし、経産省の推定では、1年間に使わなくなった製品の価値が7兆6千億円。一方、環境省は過去1年間の中古品売買は2割と見ており、これらを勘案すると2兆円近いリユース市場が勃興しているという推測もある。

8 官主導の携帯料金

菅義偉官房長官が平成30（2018）年8月21日、講演で「携帯料金は、あまりにも不透明で他国より高すぎる。4割程度下げる余地がある」と発言。こうした動きを受けて、当時の野田聖子総務大臣は23日、携帯料金の引き下げを含む情報通信分野の競争ルールの整備について情報通信審議会に諮問した。今後は少人数の部会で議論を進め、2019年の6月に中間答申、12月に最終答申をまとめる方向だ。

菅は第一次安倍内閣で総務大臣を務めた時から携帯料金の値下げにこだわっていた。2015年秋には安倍首相が「携帯料金などの家計負担軽減は大きな課題だ」と述べ、引き下げを指示。これを受けて大手各社は端末代を値引きしない代わりに通信料金が安くなるプランを導入するなどしたが、割安感は感じられなかったようだ。

総務省が2016年度に世界6都市のスマホの通信料（データを月5ギガバイト使った場合）について、シェア上位3事業者のうち最も安いプランで比較したところ、東京は3760円で、ニューヨークよりは安かったが、ロンドンやパリと比べると約1・5〜2・1倍だ。スマホの普及や動画視聴増加などで利用者の使うデータ量が増え、携帯料金の支出が増えた面もある。

2人以上の世帯が払う携帯の通信料は10年前の1・4倍に増加。支出全体に占める割合は2・4％から3・6％に増えた。家計消費に占める携帯通話料金は、2017年は世帯当たり年間10万250円と初めて10万円を超えた。

それにしても、政府高官が民間企業で決める料金水準にあからさまに口出しするのは異例であるが、菅官房長官は携帯会社に対し「国民の財産である公共の電波を利用している。過度な利益を上げるべきではない」とも述べている。携帯3社はいずれも日本企業の営業利益の上位10社に名を連ねている。

しかし、携帯料金は自由化されており、政府が強権発動的に変更できるわけではない。競争を活発にすることで、値下げやサービスの多様化が自然に進むように誘導するのが政府の仕事である。その意味では楽天が「第4のキャリア」としてこの分野に新たに参入することになっており、サービスを2019年秋に始める予定だという。情報通信審議会の今後の提案と合わせて、競争活発化の期待に応えてほしい。

スマホ「4年縛り」

スマホを4年間の分割払いで販売する「4年縛り」と呼ばれるプランについて、公正取引委員会は、独占禁止法上問題となるおそれがあるという調査報告書を発表した。「4年縛り」はauとソフトバンクが2017年夏以降始めた販売プラン。スマホを4年間の分割払いで購入し、2年後に同じ「4年縛り」プランに再加入するなど条件を満たすと、スマホを実質半額で買える。しかし再加入しないと分割払いの残金を支払う必要があり、「他社への乗り換えが実質的に困難になるおそれがある」として、利用者を不当に囲い込む問題行為だと指摘された。

9 改正マイナンバー法の問題

平成27（2015）年3月10日の閣議で、マイナンバー法の改正案と、個人情報保護法の改正案が決定された。

まず、前者から取り上げる。マイナンバー制度は、国民一人一人に番号を与え、社会保障や税の手続きを効率化しようとする共通番号制度である。平成23（2011）年に政府が導入を決めた際に、公募でこの名称が決定。法律名としては「マイナンバー法」と呼ばれている。

制度の開始は平成28（2016）年1月で、前年の10月から12桁の各人の番号（マイナンバー）が通知されている。直接的には国や自治体による税や社会保険料徴収などに役立てるものである。本人が申請すれば、個人番号と氏名、住所などが入り、顔写真も付いた個人番号カード（通称マイナンバーカード）が交付される。このカードがあれば、年金の受け取り開始時に、住民票や所得の証明書の添付が不要となるなど、各種の給付申請や災害時の被災者支援のときも、本人確認が容易になりそうである。

この法律改正で政府は、マイナンバー制度の利用拡大に動き出した。例えば、平成30（2018）年から預金口座にもマイナンバーが適用されることになった。当初は利用者の任意であるが、21年以降は、預金口座の名寄せを容易にすることで公平な納税につなげるため、義務化も検討するようだ。政府はこのカードを健康保険証の代わりに使うことも検討しているが、運用開始は、予定より遅れている。

課題の一つは、マイナンバー導入に向けたシステム開発が大幅に遅れていることである。また、こうした番号制度によって、他人から個人情報が引き出される心配はないのかも気になるところだ。ただ、平成14（2002）年に導入された「住民基本台帳ネットワーク・システム」は、行政事務の効率化には役立ったが、国民の理解が得られなかったことで用途が限定され、さほど広がらなかった。

今回のマイナンバーは、転居時に電力、ガス、金融機関への連絡を一度でできる電子サービスも計画され、将来的には戸籍に適用し、結婚やパスポート申請、遺産相続などの手続きを便利にしようという構想もあるそうだ。

便利さを広げると経済の活性化にもつながる期待がある反面、個人情報の漏えいが起こったときの被害は大きくなる。そこをどうするのか。まず必要なことは、個人の懸念を払拭できるように十分な周知を図ることであろう。

個人情報保護法改正案

もう一つの個人情報保護法改正案は、平成15（2003）年に成立して以来、初めての改正となる。改正の一つは、平成26（2014）年7月にベネッセホールディングスの顧客情報流出事件が表面化したのを受けて、「データベース提供罪」が新設されることである。不正な利益を得るために情報を流したり、盗んだりした場合に、最高で懲役1年か50万円の罰則を科すことになっている。

また、名簿の外部提供についての規制も強化される。外部に提供する場合は、本人の同意が原則となっているが、改正後は、同意がないときは、新しくできる独立した第三者機関「個人情報保護委員会」への届け出が義務付けられる。委員会はその内容を公表し、誰でも、自分の情報が流通していないか、チェックできるようになるようだ。

「個人情報保護委員会」というのは、マイナンバー制度の一環として、平成26（2014）年1月にできた「特定個人情報保護委員会」を改組するもので、平成28（2016）年1月に内閣府の外局として発足。委員会は個人情報保護の監視役的な存在で、各省庁がばらばらに担ってきた「監査役・監督」の権限もこの委員会に集中させ、企業から報告を受けたり、立ち入り検査をして指導することなども一手に引き受ける。

さらに改正案では、携帯端末などから得られる個人認証データも個人情報として保護の対象にするが、その一方で、「匿名加工情報」という枠組みをつくることになっている。個人が識別できないよう加工すれば、本人の同意がなくても外部に提供できるようにし、個人データを使いやすくしている。これについては消費者団体から「名前を消しても、他の情報と突き合わせれば個人が特定されるのではないか」と懸念する声が上がっている。この場合の具体的な「線引き」は、やはり「個人情報保護委員会」にゆだねられる。

このほか、差別につながりかねない個人の信条、病歴、犯罪歴のような個人情報を「要配慮個人情報」として区別し、とくに慎重に扱うようにしている。

「個人情報保護委員会」の仕事には、3年ごとに法律の見直しを検討するとか、個人情報の範囲や、「匿名加工情報」の水準を定める政令を作るといった「ルール作り」、海外機関との国際交渉などの仕事も入っており、これだけ多くの業務をうまくこなせるのだろうかと気になるほどだ（以上、マイナンバーと個人情報のほか）。

参考資料／公式サイト：科学技術振興機構2015・3・12

改正マイナンバー法成立

マイナンバーは、国民一人ひとりに割り振られる12桁の番号である。この番号に国や自治体などで管理する個人情報を結び付け、これによって、利用者の様々な行政手続きを簡単にするほか、税の収納を公平にし、社会保障のお金の配分などにも役立てようとする。

今回の国会審議で変わった点は、日本年金機構の個人情報流出問題で不安が高まったことから、平成28(2016)年1月のマイナンバーの利用開始の際は、年金機構にこの制度を使わせないようにしたこと、また、希望者に自治体窓口で無料配布される「個人番号カード」に、メタボ検診の記録を結び付けること、平成29(2017)年7月以降、予防接種の情報にも結び付けること、平成30(2018)年以降、本人の同意で銀行口座の情報とマイナンバーを結び付けるようにすること、などである。

12桁の番号通知は、平成27(2015)年10月5日時点で、住民票に載っている住所に送られた。個人情報なので、「通知カード」は簡易書留で郵送された。入院患者など窓口で受け取れない事情がある人は、9月25日までに市町村に申請すれば居住地にカードを郵送してもらえた。自宅で寝たきりの人は代理人が受け取ることができた。

また、企業は従業員や取引相手などの番号を集めて管理する必要がある。税務署に提出する源泉徴収票や支払調書などに番号を記載しなければならないからである。このため、企業のマイナンバー情報を保護する対策も重要になる。マイナンバー対応策は、大企業では比較的順調であるが、中小企業では対応策が遅れているようだと報じられている。ちなみに、企業にも「法人番号」が指定され、通知されることになっている。間もなく始まるマイナンバー制度は、心の準備も含めてまだ十分とは言えないように見える。

届かないマイナンバー通知カード

国民一人ひとりに12桁の番号が割り当てられるマイナンバー制度が平成28(2016)年1月から運用されることになっていたが、その番号を記した「通知カード」の配布が遅れてしまった。同年11月末時点で、配布総数の11・5％に当たる653万通が未配達だった。

その後、日本郵便が平成27（2015）年12月10日に明らかにしたところでは、全国で配達する5684・7万通のうち、99・3％が配達されたが、このうち8・9％に当たる500・9万通は各市区町村に返送された。不在や転居などで、配達できなかったのだろうが、郵便局で保管中のものも110万通あった。

政府は当初、11月中に各世帯に配達することを目指していたが、印刷工場から各郵便局への搬入が遅れたことなどが響いたと言う。新年1月の利用開始に間に合わないところも相当数出る可能性があると見られていた。

総務省は、「年内に届かなくてもデメリットがすぐに生じることはない」と説明していたが、国民全員に配布することがどれほど大変なことか、とあらためて認識させられた。

10 仮想通貨とブロックチェーン

仮想通貨「NEM」の流出

紙幣や硬貨が存在せず、インターネットで取引される「仮想通貨」の一つ「NEM」（ネム）が平成30（2018）年1月26日、仮想通貨取引所大手のコインチェック（東京・渋谷区）から、不正なアクセスにより流出した。その金額は、26万人から預かった580億円分だという。「仮想通貨」の大量流出には平成26（2014）年にも約470億円が消えたマウントゴックス事件があるが、今回はそれを超え過去最大だった。

「仮想通貨」の大きな特徴は、複数のコンピューターで取引データを共有し、分散管理する仕組みになっていることで、鎖（チェーン）のようにつないで記録されるため、「ブロックチェーン」という名前がついた。分散型システムのため、データ改ざんなどの障害に強い。

　今回の事件は「ブロックチェーン」の技術そのものが破られたのではない。

　コインチェックなどの取引所は、顧客が保有する仮想通貨をコンピューターにある「ウォレット」と呼ばれる口座で管理している。これには常にネットにつながった状態で保管する「ホットウォレット」と、切り離した状態で保管する「コールドウォレット」がある。この時、コインチェックは、ホットの方を使っていた。コールドの方が安全であるが、取引の都度、ネットにつなぐ必要があり、時間がかかるためで、これが時価約580億円の「NEM」流出の第一の原因となった。

　もう一つの要因は、仮想通貨を送金するのに必要な暗証番号となる「秘密鍵」の管理も、コインチェックは、鍵を複数に分割して保管する方法を推奨されながら、その方法は取らず、一つの鍵で管理していた。つまり、こうしたリスクを最低限に抑え、顧客の資産を安全に管理する体制が不十分だったようだ。

　それでもコインチェックは、事件の1週間後、流出した「NEM」の8割に当たる460億円を自己資金から返済すると表明した。その後、金融庁がコインチェックへの立ち入り検査に入ったこともあり、具体的な返済の手続きは明らかではないが、「コインチェックがそんな大金を別に持っているのか」と、多くの人を驚かせた。

　そのヒントは、高収益の事業モデルにあるという。顧客と売買する際に一定の利ザヤを上乗せして稼いでおり、その利幅は「売買の往復で最大10％」（業界関係者）と伝えられる。一部を除いて、仮想通貨の注文はこの方法でさばく場合が多く、利幅が厚い。

　コインチェックの取引拡大ペースは、同業他社を大きく引き離し、17年末ころには、月間収益が300億円を超える月もあったと言われている。

　世界に出回る仮想通貨の時価総額は、平成30（2018）年1月に日本円換算で約80兆円を記録した。しかし、「お金とは言えぬ投機の対象だ」（読売社説）とも言われている。日銀の黒田総裁も「仮想通貨」ではなく、「仮想資産」ではないかと指摘したと伝えられる。

本来の通貨は、支払いに使える「交換手段」、値段としての「価値尺度」、資産を蓄える「価値の保存手段」が十分なければならないはずである。今回の流出事件は、仮想通貨取引のインフラがまだまだ未熟であることを浮き彫りにした。人々が安心して利用できるようになるまでには、しばらく時間がかかりそうだ。

第4章

「リーマン・ショック」から10年

1 「リーマン・ショック（危機）」

平成20（２００８）年9月15日、米国の名門証券会社・投資銀行、リーマン・ブラザーズが経営困難に陥り、日本の民事再生法に当たる連邦破産法11条の適用を申請して事実上破綻《はたん》した。負債総額は６１３０億ドル（約61兆円）で史上最大であった。これが世界的な金融危機と世界同時不況の引き金を引き、「１００年に一度の危機」とか、和製英語の言い方ではあるが、「リーマン・ショック（危機）」と呼ばれている。

米国では平成12（２０００）年ごろから住宅ブームが起きていた。リーマン・ブラザーズは、当時広がっていた低所得者向け住宅ローン（サブプライムローン）の証券化商品を大量に抱えていた。そこに住宅バブル崩壊が起こり、平成20（２００８）年6月に入ると株価も急落した。

米国政府は、この年の春、証券大手のベアー・スターンズが経営危機に直面した時には、公的資金を投入して救済したのに、リーマン・ブラザーズに対しては同様の救済策を取らなかったことから、世界の金融界に衝撃を与えた。

米国では「次の破綻はどこか」という疑心暗鬼な状態になり、世界的な金融危機を招いた。バーナンキ元ＦＲＢ（米連邦準備制度理事会）議長は、この経営破綻直後に「13の大手金融機関のうち12が1～2週間のうちに破綻する瀬戸際にいた」と証言していたという（アンヘリデス米金融危機調査委員会委員長　日経　平成20・9・12）。

また、同氏は「米国では政府による巨額の支援で、ウォール街があまりにも急速に回復し、これと裏腹に何百万もの人が仕事や家を失った。多くは一度も元の姿に戻っていない」とも述べている。こうした人々の不満がつながり、経済的な不安と相まって今起こっている「トランプ現象」の実現を後押しする結果にもなったという見方を示している。

2 サブプライムローン

「リーマン危機」のリスクの根源は住宅バブルにあった。米国の住宅価格指数は平成12（2000）年以降数年で8割も上昇していた。こんな例がある。米中西部イリノイ州で不動産会社に勤めていたA氏（51歳）は、2005年に同州シカゴに約10万ドル（1000万円）で自分が住む家を購入した。独身だったが、台所や居間とは別に、4つの寝室があった。

好景気だった当時の米国では、所得の低い人も「サブプライムローン」という高金利の住宅ローンを借りていた。A氏のローンは3万ドル（300万円）。このうち、80％に年9％、残りの20％に年18％の利子を支払う「80・20ローン」と呼ばれる方式だった。年収は3万ドルに満たなかったが、毎月800ドル（8万円）を返したという。住宅の価格が上がることを期待して、多くの人が身の丈《たけ》以上に借金した。A氏が手に入れた自宅の評価額は、一時的に約20万ドルまで値上がりしていた。誰もがローンで家を買うことができた。

ところが、事情が変わった。実態とかけ離れた住宅バブルが崩壊して価格が下がり、ローンを返せなくなる人が続出したのである。平成20（2008）年の「リーマン・ショック」直後、A氏も職を失い、住んで3年足らずの自宅を手放した。今は同じシカゴで、団体職員の職を得て賃貸住宅にひとり、家賃月400ドル（4万円）を支払って暮らしているという。

3 リスクの根源

世界を揺るがすような破たん劇はなぜ起こったのか。大きな原因の一つは、住宅価格は下がらないと信じ切って、借金による投資に走ったことだと言われている。「住宅ローンの返済を受ける権利」を複雑に組み合わせた金融商品が世界中で売られるようになっていた。返済が順調なら一定のもうけが得られるが、住宅バブル崩壊で、こうした金融商品価値も下落した。

さらに、そうした金融商品取引には、うまく行けば、大きなもうけになるが、失敗すると損失が大きくなる仕組みが取り入れられている。例えば、これから取引をしようとする金融機関に対し、自己資本の数倍から数十倍の証拠金を預ける。100万円の証拠金を預け、10倍のレバレッジ（てこ）をかければ1000万円の取引ができるが、悪くすると、それだけ損が膨らむ。

リーマン危機の時は多くの金融機関が30〜40倍のレバレッジをかけたという。中身のない金融商品で、大きく儲けようとしたのである。しかも、リーマン・ブラザーズは、証券大手のベアー・スターンズのようには、米国政府から公的資金による救済は受けられないようになったことに加えて、サブプライムローンによる負債が途方もなく大きかった。レバレッジを何十倍もかけて金融商品を売却しようとしたが、売り切れなかった。

それどころか、投資家の中から、自分の持っている金融債券にサブプライム関連のものが混じっていると言って、慌てて売りに転じたりして、市場は大混乱になったという。

シカゴ大のラグラム・ラジャン教授は、「住宅政策の失敗で格差の拡大に直面し、雇用の悪化や賃金の低下への怒りは、貿易や移民をスケープゴート（いけにえ）にした。『反エリート』の空気が広がっている。分裂した国家では、借金をし過ぎたキリギリスとツケを回されたアリとの間で政治的な対立が発生しやすい」と述べている（読売・朝日　平成20・9・14、16）。

4 危機がもたらしたもの

リーマン・ブラザーズの経営が破綻した平成20（2008）年は、主要国の株式相場だけ見ても大幅に下落した。この年1年間の主な国の株式相場下落幅は、米国36％、英国33％、日本42％、さらに機関投資家や個人富裕層など、限られた投資家から膨大な資金を集めて高い収益を狙うヘッジファンドが資金を一気に引き揚げたロシアでは72％、中国（上海）65％、インド52％など新興国の株価暴落が目立った。
世界的な大不況につながり、経済活動が縮小した。日本では輸出が多い自動車や電機産業などが苦しくなった。工場の閉鎖が相次ぎ、派遣社員の雇用を打ち切る「派遣切り」で失業した人も多かった。日本は戦後初めてマイナス成長にも陥っている。欧州では、借金が多いギリシャの財政危機が大きな問題になった。危機から2カ月後景気を刺激するため、国際的な動きも出てきた。

ブッシュ米大統領（当時）がこの年11月主要20カ国・地域（G20）の首脳会議をワシントンで開催した。経済外交の舞台としては、それまでG8が中心になっていたが、中国、インドなどの新興国を含むG20会議も重要な役割を果たす必要に迫られたと言える。リーマン危機についてG20は、このあと平成22（2010）年までに総額5兆ドルの財政出動と金融緩和を柱とする経済対策を次々に実施するとともに、サブプライムローンの問題を引き起こした投機マネーの監視強化にも取り組み始めた。

こうした危機への対策がとられるようになって、米国経済は大収縮の翌年、平成21（2009）年7月から拡大局面に入った。これにトランプ政権が実施した大型減税も追い風となり、景気拡大が続いている。ただ、地域によっては、リーマン危機の爪痕が残っており、人々の生活に大きな影響を及ぼしている。

米調査機関、ピュー・リサーチ・センターは平成29（2017）年秋のリポートで、金融不安の端緒になった平成19（2007）年からの10年で米労働力には次の5つの変化が起こったと指摘している。

①人口に占める働く人の割合が減った
②職場の人種が多様化した
③中高年労働者が増えた
④失業者の失職期間が長期化した
⑤製造業からサービス業へと雇用が全米規模でシフトした。

5 世界の債務2・7京円

ここまで見てきたようにリーマン危機は、この10年間米国を筆頭に主要国の景気が回復し、拡大基調のところまで出てきたことで、遠い過去の出来事と受け止められがちである。こうした危機がまた起こるかもしれない、という受け止め方はさほど多くない。しかし次の危機に備える必要がある。油断はできないという警告もある。留意点は何か。

「次の金融危機が近づいているのは確実」。こう警告するのは、米国出身の著名な投資家ジム・ロジャーズ(日経　平成30・9・15)で、世界的に債務が増大し、不測の事態が生じかねないとみるからだ。IIF(国際金融協会)によると、世界の債務残高(政府、企業、家計、金融機関)は、平成30(2018)年3月末で247兆ドル(約2京7千兆円)となっている。

リーマン危機のあった平成20(2008)年と比較すると、75兆ドル(43%)増加した。一方、世界のGDP(国内総生産)は、平成20(2008)年以降24兆ドル(37%)増にとどまった。この結果、GDP比でみた債務規模は2・9倍だったのが3・2倍に拡大したことになる。「稼ぎ」に見合わない債務をいっそう増やしていることになり、金融危機の遠因という意味では状態が悪化していることになる。

債務残高と引き換えにばらまかれたマネーの多くは、株式市場や土地などの資産市場に向かったとみられている。これは、高齢化などを背景に、経済の成長力が鈍化し、利益が見込める投資機会を見つけづらくなっているためだ。OECD(経済協力開発機構)によると、世界の潜在成長率は低下傾向にあり、2018年は1・81%と、1990年の3・26%を大きく下回るという。

もう一つ大きく変わりつつあるのは、「貸し手」の顔ぶれである。金融規制の強化で、銀行の存在感は薄れ、金融システムの「中核部」の守りは堅くなった。代わって台頭しているのが資産運用会社や年金基金、ヘッジファンドなど、緩い規制の下で資金を供給する

「影の銀行」とも呼ばれる存在である。新興国国債などリスクの高い債務の保有を増やしており、「新たな危機」の発火点となる恐れがあると言われている。

政府の債務も問題が多い。リーマン危機後米欧日中などが大規模な財政出動を実施した。その後の金利低下で財政規律が緩み、債務の増加に拍車がかかった。トランプ政権の大規模な減税・歳出拡大は今後どうなるのか。債務が積み上がり過ぎると、返済困難の副作用が強まってしまう。

6 日本の「ミニバブル」

金融庁は、平成30（２０１８）年10月5日、不正問題を起こした静岡県沼津市のスルガ銀行に対し、投資用不動産向けの新規融資を対象に6カ月間の「一部業務停止命令」を出したと発表した。預金の払い戻しなど通常の窓口業務に影響はないが、銀行の再建には大きな課題となりそうだ。リーマン危機のような大規模のものではないにしても、「ミニバブル」を防ごうとしたのではないか。

話は、一軒の家に数人が共有して住むシェアハウスと呼ばれるアパート風の建物に関わっている。数年前から静岡や東京など各地で広がったことから、シェアハウス問題とも言われる。

このところ、筆者の知人から、九州で都市化が少しずつ進んでいる地域で、農地にシェアハウスを建てる話があると聞いた。観察すると、やがてアパート風の建物が3棟建った。見栄えは良く、しゃれた感じだが、部屋が詰まっているせいか、入口のドアが多いのが目立つ。噂では1億円くらいの建設費だったらしいというが、正確かどうか。中のことは分からないが、入居者は最初もその後もそれほど代わっていないように見える。全国的にこうした建物はなぜ流行したのだろうか。

建設資金を多く融資しているのはスルガ銀行というが、この事業を推進したのは、家賃を保証していた「運営会社」であり、建設資金を負担したのは、オーナー（家主）である。東京都港区の不動産投資情報サイト健美家のまとめによると（日経　平成30・10・7）、1棟アパートの平均価格は、平成30（2018）年7〜9月期で6613万円と、1〜3月期の6882万円をピークに2四半期連続で下落した。リーマン危機のあと平成24（2012）年から6年間に6割上昇したが、過熱感が指摘されるようになり、下落局面を迎えているという見方もある。

そういう価格の流れがあるのかもしれないが、シェアハウス投資に限って言えば、不動産の価値を実際より高く見せかけて利益を得る巧妙な営業の手法がとられたようだ。理屈としては不動産の鑑定に使われる手法、つまり将来生み出す家賃などの収益から、修繕費など費用を差し引いて不動産の価値を計算する。また、スルガ銀行と「運営会社」との間では、資料の改ざんなどで賃料や入居率を実際より高く見せかける不正が横行したという。

これに対してオーナー側は、少ない元手でもスルガ銀行からの融資で投資でき、表向きは家賃保証もあるため、期待利回りは高くなっても不思議ではないと受け止めた。しかし、華々しくスタートしたシェアハウスの入居者が減少して成り立たなくなっているところが出始めた。最近は、オーナー（家主）から「事前に約束した家賃収入が得られない」といったトラブルが表面化している。また、スルガ銀行には、こうした不正のほかに、銀行の創業家への不透明な融資や、暴力団関係者への融資もあることが明らかになり、銀行再建への道は険しいようだ（日経・朝日　平成30・10・5〜11）。

第5章

人口縮小と雇用問題

1 日本の人口問題概観

総人口

日本の総人口は、平成30（2018）年10月1日現在、約1億2644万人であるが、2050年ころには、1億人を下回り、2060年には8700万人程度になると推計されている。既に少子高齢化が進行し、15歳以上65歳未満の働き手、生産年齢人口は平成28（2016）年半ばにピークを付け、その後は大体年に1％くらいのペースで減っていると推定されている。人口減少に伴う様々な波紋、問題を垣間見ることとする。

平成30（2018）年は、明治維新から150年になるが、明治時代以後増加した総人口は、平成20（2008）年に1億2808・4万人を記録し、これをピークにして、減少に転じた。国立社会保障・人口問題研究所の「中位推計」では、今後は長期の人口減少過程に入るとしており、22世紀冒頭には5000万人を割り込む見通しになっている。したがって、この人口推移を分かりやすくするため、縦軸に総人口数、横軸に年代の目盛を極端に狭くした折れ線グラフにすると、現代だけが突出した三角形になる。

このような人口の将来推計の基準となるのは、5年ごとに実施される国勢調査である。直近の基準人口は、総務省統計局が平成27（2015）年10月1日現在の国勢調査に基づき算出したものである。

人口のブラックホール・東京

日本の総人口は、今のところ、将来推計どおり減少しているが、「日本の人口減を東京というブラックホールが加速させる」と心配する人がいる。岩手県知事3期と、総務大臣などを歴任した増田寛也である。増田が「人口のブラックホール現象」と呼ぶのはどういうことか？

全国的な人口減少の中で、地方から首都圏などに人口が吸い上げられ、8都県で人口増加が見られる。そのトップが東京であるが、東京が若者の活力を高め、発展を受け継ぐ次世代を生み出していくのなら問題はない。しかし、東京は子供を産んでも、認可保育所はいっぱい、身近に頼れる人もいない。子育て環境が良くないため、出生率は著しく低い。このままいくと、首都圏では単身高齢者が大変な勢いで増え、介護などに若い人手がさらに必要になる。そのことは、地方にもう一段の人口流出を促すことになるだろう。30年後には500以上の自治体がほとんど消滅する。もはや人材は得られず、東京のブラックホール化が進むというのだ。

こうした平成26(2014)年時点での増田の警告を受け止めて、対策を立てる必要があるが、要するに「日本が直面する状況は、単に『人口が減少する』といった生易しいものではなく、日本消滅をも懸念すべき局面だ」という彼の言葉は傾聴に値するだろう。

若年女性半減との試算

そんな増田寛也が座長を務める民間有識者らの「日本創成会議・人口減少問題検討分科会」は、平成26(2014)年5月、こんな試算もしている。少子化の進行と、地方から大都市への人口移動により、2010年から2040年までの30年間に、約1800の市区町村のうち半分の896自治体で、20~39歳の「若年女性半減」の事態を招くという独自の試算を明らかにしている。さらにこれらの自治体では、介護や医療などの行政機能を維持することが難しくなり、将来なくなってしまう「消滅可能性都市」になる恐れがあると指摘している。

試算の基になったのは、国立社会保障・人口問題研究所の人口推計データであるが、同研究所は、地方から毎年6万~8万人が大都市に移動していることについて2020年ころには落ち着くと推計していたのに対し、日本創成会議は、大都市で医療・介護の求人が増えて、人口の大都市への移動が長く続くと仮定した点が異なっている。この結果、人口問題研究所の推計に比べると2・4倍に当たる896自治体で若年女性が5割以下という試算になったのである。

具体的に「消滅可能性都市」が多いのは、東北・北海道をはじめ、西日本の山間地帯の自治体で、特に秋田、青森、島根、岩手、山形の5県では、8割以上の市町村で若年女性が半減する。なかでも秋田県は、県内25市町村のうち24が該当するという。また、奈良県川上村では人口が2040年に457人となり、このうち若年女性が8人に減る。全国で若年女性の減少率がほぼ90％と最も高かった群馬県南牧村では、人口626人で、若年女性は10人に減ってしまうというのだ。

こうした日本創成会議の推計に対しては、現職の知事の中から「少し大げさではないか」とか、「今の人口流出が2040年まで続くという前提の置き方に問題がある」という批判的な意見が出ている。しかし、何も有効な対策を取らなければこうなるという警鐘として受け止め、これを契機に対策を立てるべきだという意見も少なくない。ただ、どういう対策を取るべきかについてはさまざまな考え方が出ており、一様ではない。

少子化のわな

平成27（2015）年6月、厚生労働省が発表した人口動態統計によると、9年ぶりに「合計特殊出生率」が低下した。「合計特殊出生率」は、あらためて説明するまでもなく、1人の女性が生涯に産むと見込まれる数で、調査年の15～49歳の女性が産んだ子どもの数を基に算出する。その「合計特殊出生率」が平成26（2014）年は、「1・42」と、前年を0・01ポイント下回った。1975年に人口維持の目安とされる2・07を切り、平成17（2005）年には1・26まで下がったが、その後は、じりじりと出生率は上がっていたのに、平成26（2014）年はわずかながら低下したのである。このため、年間の出生数も100万3539人と、第二次ベビーブームと言われた昭和48（1973）年の半分以下となった。

都道府県別の「合計特殊出生率」（2014）は、沖縄の1・86がトップで、宮崎1・69、島根・長崎1・66、熊本1・64と続く。出生率が一番低いのは、東京の1・15で、次いで京都の1・24、奈良・北海道の

1・27と上がって行く。地方から人口が流入する大都市、中でも一極集中の東京の出生率が極端に低いことが課題とされている。子どもが育てにくい環境なのに、若い世代が多く流入しているからである。

「日本は少子化の解消に社会を挙げて取り組む機会を逃し、『少子化のわな』から抜け出せないままになっている」という指摘もある（国立社会保障・人口問題研究所の金子隆一副所長）。出生率低下の背景としては、出産を担う20～30代の女性の人口減少が大きいが、そのほかにも、次のような点が挙げられている。

＊生涯未婚の男女の増加

＊平均初出産年齢の上昇：昭和55（1980）年は26・4歳→平成26（2014）年は30・6歳

＊出産、育児が仕事と両立しにくい環境（長時間労働、保育園など子育て支援体制に不備）

＊経済的事情（非正規雇用の男性の収入の少なさ、「年収300万円が「結婚のカベ」」

政府の「まち・ひと・しごと創生本部」は平成26（2014）年12月、「国民の希望が実現した場合の出生率」として、「1・8」を示している。その後、地方でも「第3子などへ保育料無償化拡大」「未婚率減少を目指す男女の出会いの場づくり」「不妊治療への支援」など、きめ細かい対策に取り組むようになってきたと伝えられる。

人口維持のための出生率2・07や、2060年に1億人の人口保持の目標には及ばなくても、出生率を沖縄の水準くらいまで引き上げることを当面の目標として、対策を進める必要に迫られているのではないか。

2 「生産年齢人口」の減少

働き手の減少と高齢者

総務省統計局から毎年4月に公表されている人口推計で、平成26（2014）年に大きく取り上げられた二つの話題を整理してみよう。一つは、働き手の中心となる「生産年齢人口」の減少で、もう一つは「独居高齢者の増加」である。

「生産年齢人口」は、総人口を年齢別に分けて、15～64歳の人口を指す。戦後のベビーブームを経て増加を続け、1982年には8000万人を超えていたが、2013年10月1日には7901万人となり、32年ぶりに8000万人を割り込んだ。前年より116・5万人減少しており、総人口に占める割合は62・1％である。

ちなみに、この時点で日本の総人口（外国人を含む）は前年より21・7万人減り、1億2729・8万人で、3年連続の減少。また、65歳以上の「老年人口」は、3189・8万人で、最近の人口変動の中で初めて総人口の4分の1を超えた。一方0～14歳の「年少人口」は、15・7万人減の1639万人と、1980年代初めの2700万人規模から1000万人以上減った。総人口減少の中で、少子化と高齢化は確実に進行していることを示す数字である。このうち4人に1人となった「老年人口」については、国立社会保障・人口問題研究所による都道府県別の「日本の世帯数の将来推計」でも取り扱われた。この将来推計によると、世帯主が65歳以上の高齢世帯は、2035年に40・8％と初めて4割を超える。高齢世帯の割合は平成22（2010）年で31・2％だったので、25年間で約10ポイント上がることになる。これに対し、総人口に占める65歳以上の高齢者の割合は、2035年には、33・4％で、4割に達するのは2060年となる見通しなので、世帯主の年齢を基にした将来推計のほうが、早く高齢化するようである。

また、世帯主が65歳以上の高齢世帯の中で1人暮らししているのは、2010年では30・7％であったが、2035年には、37・7％へ増える見通しとなっている。なかでも、東京都ではこの「独居高齢者」が平成22（2010）年の64・7万世帯から、2035年には、104・3万人と100万世帯を超えるようになるという見通しである。核家族化が一段と進み、高齢者の孤独死の広がりといったことが懸念されるのは言うまでもない。

一方、将来の「生産年齢人口」は、国立社会保障・人口問題研究所の推計では、2027年に年に7000万人を割り、2051年には5000万人を割ってさらに減少していく。日本経済に与える影響は深刻で、その対策をめぐる論議が高まっている。例えば、元気な高齢者にもっと働いてもらうのはもちろんのこと、女性活用の道を広げることがアベノミクスの成長戦略に挙げられている。

ただし、政府は単純な労働者の受け入れには慎重で、とりあえず現場で働きながら技術や知識を習得する外国人技能者実習生在留期間延長や、帰国後の再入国を時限的に認める措置から始めている。モノやカネとは違い、「ヒトの開国」は欧米諸国よりずっと遅れてのスタートとなり、その戦略もこれからである。

3 人口減少の影響とその広がり

人口減で水道料金上昇

最近、各地の水道料金の上昇が目立つようになってきた。水道管などの設備が老朽化し、維持改修費がかさむだけでなく、人口減少で料金収入が減り、水道事業の収益が悪化しているためである。家庭向けの水道料金はこの20年間で約2割上がり、電気代の上げ幅1割よりも大きい。値上げの動きは各地に出ており、2040年までに全国の約半数の水道事業が3割以上値上げするという試算もある。

また、地域間の料金格差が大きく、月10立方メートル使用の家庭用料金（2014年4月）では最高の3510円（群馬県長野原町）と最低の367円（兵庫県赤穂市）との間に10倍近い開きがある。

このため、水道事業の収益悪化に歯止めをかける方策として、隣接自治体との水道の統合による経営効率化を考えても、料金格差が大きくて、推進するのが難しいというケースが出てきているようだ。

ただ英国では、約1600件あった水道事業者を70年代に10カ所の流域管理庁に再編し、民営化してサービスの向上が進んだと言われている。日本の場合も地域独占を改め、民間のノウハウや活力を生かす改革が必要になってきているのではないか。

ちなみに、日本の水道事業は、原則として市町村単位で運営されており、給水人口5001人以上の「上水道」と5千人以下の「簡易水道」に分かれている。前者の事業は1301件、後者は6105件ある（平成25（2013）年度末現在）。

人口減少の広がり

平成27（2015）年上半期に生まれた子どもの数が50万8802人で、前年同期より約1万2000人多かったことが厚生労働省の人口動態統計速報で分かった。年間の出生数は、1949年の約270万人が最高で、その後は減少傾向が続いており、平成26（2014）年は戦後最低の100万3539人だった。その後、平成27（2015）年は、5年ぶりに出生数が前年を上回った。

しかし、この統計だけで出生数の減少が底を打ったとは言えそうにない。国内の人口が増えないとすれば、海外から人材を受け入れるしかないとする動きが目立つ。「外国人の在留資格」を延長しようという動きもその一つである。

「外国人の在留資格」というのは、外国人が日本に入国して滞在する際の身分や地位、活動範囲を分類して示したもので、「留学」「企業内転勤」など30種類の資格がある。滞在できる期間も資格ごとに異なり、「外交」「永住者」を除くと、最長5年となっている。平成24（2012）年に3年から5年に延長されたが、今度は最長8年に再延長する動きが出ているのである。

日本人はこれまで、定住を希望する外国人を移民として受け入れることには反対する意見が多かったが、急速な人手不足で、何とかして外国人の人材を受け入れたいという産業界や社会福祉の分野からの要請が強まっている。しかし、この外国人の定住や移民の問題は、国民的な議論なしに前へ進むと、あとで大きな社会問題になるおそれもあるように思われる。だからと言って課題から逃げるのではなく、真剣に取り組んで結論を出すことが大事であろう（読売　平成27・8・27、日経8・27、9・4、9・10）。

総務省が発表した2014年10月1日現在の日本の総人口（外国人を含む推計）は、1億2708万3千人で、前年より21万5千人減り、4年連続の減少となった。平成20（2008）年の1億2808万人をピークにして約100万人減ったことになる。出生児より死亡者が多くなる「自然減」は、25万1千人と初の25万人台となった。

年齢別に見ると、15～64歳の「生産年齢人口」が116万人減って、7785万人となり、総人口に占める割合が61・13％と、1993年以降低下し続けているのに対し、65歳以上の「老年人口」は110万2千人増えて3300万人に達し、総人口の26・0％を占めるようになった。

14歳以下の「年少人口」は、15万7千人減少して1623万3千人で、初めて「老年人口」の半分以下に縮小した。

また、75歳以上が総人口の8人に1人となり、1945年8月15日以降の戦後生まれは、1億203万人で、初めて総人口の8割を超えた。少子高齢化が加速する中で、時代とともに、人も入れ替わっている現状がうかがえる。

この人口推計によれば、人口の東京一極集中も一段と進んでいる。1年前と比べた人口増減率を47都道府県別にみると、7都県で増加し、40道府県で減少している。増加率が最も高かったのは東京都の0・8％で、以下沖縄、埼玉の順。首都圏以外で人口が増えたのは、沖縄のほか愛知・福岡の計3県だけだった。一方、減少率が一番大きかったのは、秋田の1・26％で、青森も1・08％とこの2県が前年比1％を超える減少であった。さらにこの両県をはじめ、他の地域でも、県内に移り住む人から県外に引っ越す人を差し引く「社会減」が大幅になる傾向が目立った。

本章1項でも触れた通り、平成26年（2014）年、民間の「日本創成会議」（座長：増田寛也元総務大臣）が、人口の減少と東京一極集中により、2040年までに存続できなくなるおそれのある896自治体を、「消滅可能性都市」として特定し、大きな衝撃を与えた。これは、全国1800の市区町村の半分に当たる自治体数である。

この状況は1年たっても変化がない。創成会議は子どもを産む中心的な世代である20〜39歳の「若年女性」に着目し、大都市で医療・介護などの求人が増えて、地方から大都市に向けて「若年女性」などの人口移動が長く続くと仮定したのである。しかし、都市部の少子化はピッチが速い。女性が一生に産む子どもの数を示す「合計特殊出生率」は、沖縄の1・94に対し、東京は1・13で全般に都市部の方が低い。このため、地方からの移住者が減ったり、居住環境に魅力がなくなれば都会の人口も減りかねない。東京でも池袋を抱える豊島区が「消滅可能性都市」の一つにされているのである。

ただし人口減少の中で、少し変わりつつあるかなと思わせるのは、外国人労働者に対する日本人の考え方である。戦後70年に当たって、日本とドイツで実施された移民の受け入れについての世論調査（朝日紙3〜4月に実施）によると、永住を希望して日本にやってくる外国人を移民として受け入れることについて、「賛成」は51％、「反対」は34％で、賛成が反対を上回った。平成22（2010）年に行われた同じような調査では、「賛成」が26％、「反対」が65％と反対が多かったのに比べると、移民受け入れに対する日本人の考え方に変化の兆しが見られる。

戦後1950年代から、帰国を前提として外国人労働者を受け入れ、平成17（2005）年にようやく「移民法」が施行されたドイツでの世論調査では、移民を受け入れたことについて、「よかった」が82％、「よくなかった」が16％だった（各紙　平成27・4・18、日経4・22、朝日4・10）。

4 人口オーナス（平均寿命の地域差・人口移動）

少子化・人口減少で経済・社会にマイナスの重荷や負担がかかるのを「人口オーナス」という。逆に人口構成がプラスに作用するのは「人口ボーナス」で、日本では１９５０～70年代に見られた。90年代以降は、人口のオーナス期であるが、生産年齢（15～64歳）人口の減少による悪影響は、女性や高齢者が働くようになって、何とか克服された。しかしこの「動員型」では限界がある。今後は、働く人の労働生産性の引き上げが必須の課題となる（日経「大機小機」平成30・1・27／公式サイト：知恵蔵２・１）。

平均寿命の延びに地域差

日本人の平均寿命の延び方は、都道府県の間で格差が生じている。最近25年間で見ると、最大で１・６年間の差があることがわかった。これは東京大や米ワシントン大などのグループ研究によるもので、７月19日付の英医学誌ランセット電子版で発表された。

この研究によると、日本人全体の平均寿命は、平成27（２０１５）年で83・２歳。１９９０年の79・０歳から４・２年延びた。都道府県別に見ると、滋賀と佐賀で４・８年と最も延び、滋賀の平均寿命は84・７歳で１位となった。２位以下は、佐賀、和歌山、福岡、大分の順である。

これに対し、最も延びが低かったのは、沖縄で３・２年の延びにとどまり、平均寿命は78・７歳。以下平均寿命は、山形、秋田、新潟、静岡の順に上がっている。

この研究では、都道府県間の差について、一人あたりの医療費や人口あたりの医師の数などとの関係も調べているが、明確な関連は見られなかったという。なお平成28（２０１６）年の日本人の平均寿命は、女性が87・14歳、男性が80・98歳となっている（朝日　平成29・７・21、28）。

人口移動の傾向

総務省がまとめた住民基本台帳に基づく平成29（2017）年人口移動報告（外国人を除く）によると、大都市の限られた都市に人口が集中し、政令指定都市でも転出超過の都市が相次いでいる。

転入超過が多い市町村はトップが東京23区、次いで大阪、札幌、福岡などの政令都市が続く。逆に転出超過が多いのは、北九州、堺、神戸の3政令都市が上位5市に入った。大都市に人口が集まると言うよりは一部の拠点都市に集中しているようだ。

まず転入超過の東京23区について見ると、転入超過は6万人強である。転入者の移動前の所在地は周辺の神奈川、千葉、埼玉が4割を占めるが、43道府県からもそれぞれ1千人以上転入しており、都心回帰の動きと全国から人口を吸い寄せていることが分かる。その23区から人口を吸い寄せているのが隣接する川崎市である。23区との間でそれぞれ1万8千人前後の移動があるが、川崎市への転出がわずかに上回った。

これに比べると横浜市はわずかながら近隣自治体への流出が目立った。理由としては、川崎市に購入しやすい高層マンションの建設が相次いだこと、横浜より川崎の方が東京への通勤・通学に便利なことなどが指摘されている。

一方、北九州市は、全国市町村の中で転出超過が4年連続最多となった。転出先は福岡市と首都圏の1都3県で若い女性が多い。その背景には、就職の際に、男女とも給与水準が高く、おしゃれな店が多いことに引かれたようだと分析されている。

転出超過は、全国市町村の76％を占める。また15〜64歳の生産年齢人口に限って見ると80％もある。宮崎県では、県内全市町村で生産年齢人口が転出超過となり、働き盛り世代の流出が深刻となっている。

5 人口縮小と外国人材

国立社会保障・人口問題研究所が平成29（2017）年4月10日、長期的な日本の「将来推計人口」を公表した。これによると、50年後の2065年の人口は、15年より3割減って8808万人になる。5年前の前回の推計より、減少のペースがわずかに緩んでいるが、大きな流れは変わらず、2053年には日本の人口は、1億人を割り込む。また、働き手の世代は2065年には平成27（2015）年から4割以上減る見通しだ（総務省が4月14日発表した外国人を含む日本の総人口は、平成28（2016）年10月1日現在、平成27（2015）年より16万2千人減って1億2693万3千人と6年連続の減少となった）。

「将来推計人口」は、5年ごとの国勢調査の結果を基に、現在の出産や死亡が将来も続くとして算出したもので、例えば、一人の女性が一生の間に産む子どもの推定数（合計特殊出生率）は1・44と、政府が目指す希望出生率の1・8には遠く及ばない。

当面の人手不足を補うには、外国人労働者受け入れが必要という意見も根強い。厚生労働省の調査によると、日本で働く外国人の数は、2016年10月末時点で108万人と、初めて100万人の大台を突破し、1年前より約2割、5年前より約6割の増加となっている。ちなみに日本の定住外国人は240万人（16年9月時点、法務省調べ）で、過去最多である。

日本で働く外国人の3割以上を占めて一番多いのは、中国人（約34・5万人）、次いでベトナム人（約17・2万人）、フィリピン人（約12・8万人）、ブラジル人（約10・7万人）の順。ベトナムとネパールの伸び率が群を抜く（日経 平成29・3・20）。

外国人は関東や中部地方に集中する傾向があるが、人口減少が続く日本経済の足腰を強くするために外国人労働者政策の改革は、先送りできない課題だと言われる。こうした観点から、日経紙が専門家3人に『外国人材を考える』シリーズを組んだ（3・27〜3・29）。

①経済評論家・元経済企画庁長官・堺屋太一

小説『団塊の世代』の著者でもある。この中で「戦後1947年から49年にかけて生まれた団塊の世代が中年から高齢者になると、社会保障の費用がかさみ、国家財政を破綻させかねない」と警告していた。

堺屋によると、日本は「古来、土地不足、ヒト余りの状況」だった。鎌倉時代の昔から、農民や武士は土地を耕し、領地を命懸けで守った。戦国の時代も猫の額のような小さな土地を巡って戦いが繰り返されたし、江戸時代も領地や村境での争いが絶えなかった。

日本の企業経営は、「土地節約的ヒト消費型」だったが、ここへ来て事態は急変している。全国で人の住まない住宅が820万戸、全住宅の13・5％が空き家だ。農地は全国で約40万ヘクタールが耕作放棄地になっている。日本は今や「ヒト不足・土地余り」の「未曾有の時代」を迎えている。

また、日本は外国からの移民や外国人材をあまり活用していないとも言われるが、鎌倉時代と江戸時代以外には、多くの外国人が出入りしていた。特に16世紀から17世紀前半の鎖国令までと、19世紀末の明治開国から日清戦争までは相当数の外国人が入ってきた。今日日本の伝統と考えているものにも、元をたどると外国人移民によって始められたものがたくさんある。

東京・上野で最初の喫茶店を開いてコーヒー文化を広げたのも、神戸で貿易商や洋服の仕立屋を始めたのも中国人だった。今、日本は一時の人手不足だけでなく、本当に日本の将来に貢献してくれる「次世代日本人」となる外国人の「長期定住」を目指す政策こそが大事だというのが、堺屋の主張である。

②関西学院大学教授・井口泰

その主張は5点に整理されているが、ユニークなのは、アジア系留学生の国際移動が急速に拡大していることに着目している点で、アジア地域の共同発展を実現するため、域内で協働が可能な人材を多く育て、移動を円滑化することを提言している。

また、政府が長時間労働などの「働き方改革」の目標を外国人労働政策にも拡大すること、外国人が就労に必要な日本語能力を継続的に身につけ、安定就労が可能な職業資格を取得して滞在できるようにすること、なども提言している。

③一橋大学准教授・森千香子

日本で「外国人家事支援人材」の受け入れが、国家戦略特区の神奈川県と大阪市で近く開始されるが、フィリピンの「外国人家事支援人材」の養成・送り出し機関を訪問した人の話として、日本のプログラムに対する現地機関の期待値が思いのほか低いことを指摘している。

日本語の学習という高いハードルがあるのに3年しか働けず、安定的な滞在資格への切り替えの道もない。給与が高いわけでもなく、それほど魅力的に映らない。日本としては、「大量移民を受け入れるか否か」ではなく、「移住したいと多くの人に思われるようなエネルギーと、多様性を持つ魅力ある日本社会をつくるには、何をすべきか」が大事だ、と述べている（2017年）。

6 「エイジレス社会」を目標に

政府が新たな高齢社会対策大綱を決定し、「エイジレス社会」の実現を掲げた。この背景には65歳以上を一律に高齢者と見ることが現実的ではなくなりつつあるという問題がある。安倍首相は、平成30（2018）年2月16日の高齢社会対策会議で、「すべての年代の人々が意欲と能力に応じて活躍できる社会を目指す」と述べている。

少子高齢化の現実を具体的に見ると、生産年齢人口（15～64歳）は、平成7（1995）年には約8700万人だったが、平成27（2015）年までの20年間で約1千万人減っている。一方で65歳以上は約3500万人に倍増しており、この流れに歯止めはかかりそうにない。高齢者1人に対する15～64歳の「支え手」の人数は平成27（2015）年の2・3人から、2065年には1・3人になる見込みだという。

一方で高齢者の健康寿命は、平成25（2013）年現在で、男性は71・2歳、女性は74・2歳で、2001年からそれぞれ1・8歳、1・5歳延びた。平成26（2014）年の内閣府の調査では、仕事をする60歳超の8割が「70歳以上まで」または「働けるうちはいつまでも」働きたいと答えている。これに対し、現実に70歳以上まで働ける制度がある企業は22・6％である（平成29（2017）年厚生労働省調査）。また、総務省の労働力調査では、65歳以上で働く人の7割以上が非正規雇用で「自分の都合のよい時間」に働くことを希望している。

大綱は、年金の受給開始年齢について、70歳以降でも選べるようにすることを検討するよう提言しているが、60～70歳まで選べる今の仕組みでも、66歳以降に先送りしている人は1％ほどしかない。健康で長生きできるようになったといっても、制度の改革は慎重に取り組む必要がありそうだ。

ところで、老後の資金はどれくらい貯めればよいものだろうか。老後を意識するようになった50代の人をイメージした専門家の一つの考え方を紹介しよう。定年後65歳まで働くとすると、年金生活のスタートは65歳。貯蓄の取り崩し額（年間収支の赤字分）を年70万円とすると、90歳までの25年間の合計額は1750万円となる。さらに、家の修繕、車の買い替え、病気の備えなど数年に一度の特別支出として、1千万円を別に備える。

そうすると、先の1750万円と合わせて2750万円、余裕を持たせて「夫婦で3千万円」が目安になるという。これで足りるかどうか。答えは「イエス」＆「ノー」としか言えない。

7 大卒生の就職と就活ルール問題

就職内定さらに前倒し

平成31（2019）年に卒業見込みの大学生を対象にした、企業の面接などの選考が平成30（2018）

年6月1日に解禁となった。経団連の指針では3月1日から会社説明会が始まり、面接などの選考は6月となっているが、学生有利の「売り手市場」が続いていることもあり、実際の選考は大手を含めて前倒しが進んでいたようで、解禁前に内定を出しているところも多かったとみられている。

平成30（2018）年5月1日時点での内定率は42・7％で前年より7・6ポイント上昇していたという調査もある。6月1日が過ぎると「終わった感じが漂うとも言われた。一方で、定年まで一つの会社に勤め上げようという「就社意識」が低下しており、入社直後に転職する新人も増えていると言われる。また、新しく「逆求人型の採用」というのも出てきたようだ。

従来の採用は、3月1日から大卒などの採用広報が解禁され、企業などが大量の志願者を集めてふるい落とす方法であったが、作業量が膨大なことから、「逆求人型」と言われる採用が広がり始めたのである。まず学生が経歴や自己PRを求人広告会社などの専用サイトにアップする。それを採用担当者が閲覧し、採用したい学生と面談し採用に至る。就活学生の2割が参加するようになったという。

就活ルール問題

9月に入り、大卒生向けの就職ルールに大きなニュースが飛び出した。経団連の中西宏明新会長が平成30（2018）年9月3日の定例記者会見で、「就活指針」を撤廃したいという考え方を示したのである。現行の経団連の採用ルールでは「就職の説明会は大学3年生の3月、面接は4年生の6月以降、正式内定は10月1日にそれぞれ解禁する」と定められている。

このルールは、現在の大学3年生が2020年に卒業するまでは、維持されることになっていた。ただし榊原定征前会長は、在任中の平成30（2018）年春、2021年卒業の学生（採用活動は2020年）について、東京五輪の開催で大きな会場が占有されることから、見直しの可能性にも言及していた。

これに対し、中西新会長は個人的な意見として「採用日程に関し、経団連が采配を振るうこと自体に極めて違和感がある。経団連の意見として『こうします』とか『しません』とかは言わない」と語ったのである。

　就職活動の日程を企業側と大学側が「就職協定」を結び、採用時期を定めたのは、戦後、経済の復興で、新卒学生の定期採用が本格化した１９５３年だった。その後、高度成長期や、バブル期に企業が協定を破り、早期に内定の約束をする「青田買い」が問題になり、協定は平成９（１９９７）年にいったん廃止された。当時の日経連（現経団連）は、早期の採用自粛を求める倫理憲章を定めた。また、平成23（２０１１）年には説明会と選考活動の解禁日を設定したりしたが、事実上、実効性はなかったと言われている。

　平成25（２０１３）年には、安倍政権が「学業の時間確保」を求めて解禁日の後ろ倒しを経団連に要請するなどしたが、経団連に加盟していない外資系やＩＴ、中小企業は独自の日程で採用を進めている。中西会長の発言に対し、安倍首相は「学生の本分である勉強よりも就活の方が早くなるのは、やはりおかしい」とけん制している。

　また、文部科学省は「指針がなくなれば、就活が無期限に延期され、大学側も講義日程が組みにくくなる。大学側の意向も聞いて議論してほしい」と注文している。一方、企業側には歓迎する声と不安視する見方の両方がある。ＩＴ業界はほとんどが経団連の指針と関係なく通年で採用活動をしており、楽天もヤフーも大きな影響はないようだ。

　ただ、識者の中からは、「最近はインターンシップも増えていることなどから、大学生は3年生の夏前から就活の準備を迫られる。歯止めがなくなることで、なんでもありになり、1年生から採用情報に追われることにならないか心配だ」という声も聞かれる。

「就活ルール」見直しをどうするのか、注目を集めてきたが、平成30年10月末になって、関係省庁と経団連、大学側との会議が開かれ、この問題を話し合った。その結果、当面は現行の日程を維持し、経済界に広く順守するよう呼びかけることで一致したと報道されている。経団連も当面のルールの必要性を認めたということで、２０２１年春入社となる今の大学2年生までは現行の日程を維持との方向性も示された。

第6章

「アベノミクス」がもたらしたもの

1　アベノミクスの初期

大胆なスタート

アベノミクスは、平成24（2012）年12月26日に発足した第2次安倍晋三内閣の経済政策のこと。アベという苗字とエコノミクス（経済問題、経済状態）の後半「ノミクス」を結びつけた造語。1980年代、米国のレーガン大統領時代に言われた「レーガノミクス」にならって、使われるようになった。

したがって、アベノの「ノ」は日本語ではないが、「アベノリスク」とか「アベノバブル」といった批判的な言葉が使われることもある。

政策の中身としては、「3本の矢」にたとえられる3項目がある。「3本の矢」とは、言うまでもなく、戦国時代の16世紀、毛利元就が3人の息子に対し、一族の結束の大事さを説明するために、「1本の矢ではすぐ折れるが、3本の矢は簡単に折れない」と述べたとされる逸話に因んだものである。

「アベノミクス」の場合は、

①異次元の金融緩和
②機動的な財政政策
③民間投資を喚起する成長戦略

の3本である。

このうち金融緩和が先行して実施され、これがいち早く市場の反響を呼び、1ドル70円台の円高が一気に90円台まで円安になり、しばらく足踏みして100円を超えた。このため自動車をはじめとする輸出がしやすくなるという見方が広がり、東京株式市場の株価も5月下旬まで一貫して上昇した。

当初、こうした為替や株式の市場の動きは、実体経済を反映したものではないという見方が強かったが、経済界の景況観も徐々に持ち直すようになっていた。その一方で、円安による輸入原油などの値上がりなどにマイナスの影響が出て来て、中小企業や、照明を使って漁をするイカ釣り漁船の漁業者などが悲鳴を上げ始めた。まず、第1の矢に当たる異次元の金融緩和を中心に、初期の「アベノミクス」を振り返る。

安倍晋三政権のアベノミクスは、まず、質と量、両面の大胆な金融緩和で、極めて順調に滑り出し、実施に移る前から、市場に歓迎され、久しぶりの円安と株価上昇を呼び込んだ。発足から3カ月後の平成25（2013）年春、安倍政権の内閣支持率も高い水準を維持した。

2月中旬に相次いで開かれた二つの財務相・中央銀行総裁会議、G7（主要7カ国）と、G20（20カ国・地域）では、日本を名指しにはしなかったものの、海外の新興国などから日本の円安誘導に対する懸念が示された。

同年3月中旬にアベノミクスに共鳴する日本銀行の黒田東彦体制が発足し、一本目の矢の金融緩和策について具体的な方策を明らかにし、この中で、円安に導くための為替政策をとるのではなく、「異次元の金融緩和」によって、15年近く続いてきたデフレ不況の克服を目的としていることを強調した。4月以降もG7とG20会議が開かれ、新興国などからの批判はあったものの、欧米諸国の多くは日本の「異次元の金融緩和」に理解を示したと報道され、国際的な問題にはならなかった。

2 異次元金融緩和の手法

日銀の大量国債購入

黒田日銀総裁は、平成25年4月4日の記者会見で、「消費者物価の前年比上昇率を2％」とする物価安定の目標を示し、「2年程度の期間を念頭に置いて、できるだけ早期に実現するため、『量的・質的金融緩和』を導入することにした」と切り出し、それまでの小出しの金融緩和ではなく、金融政策の歴史を変えるような大胆な超金融緩和策をとることを強調した。

金融調節の操作方法も、従来の無担保翌日物を取引するコール市場で行うのではなく、マネタリーベース（資金供給量＊［注1］）に変更し、具体的なマネタリーベースが年間約60兆～70兆円に相当するペースで増加するよう、金融市場調節を行うことを明らかにしている。

このことは、日銀が毎月、新規発行国債の70％に相当する7兆円程度の国債を市場から買い入れることを意味しており、こうして資金供給量を平成25（2013）年末までに200兆円、平成26（2014）年末には平成24（2012）年末の約2倍の270兆円程度に拡大させるという。これは日本の国内総生産（GDP）のほぼ6割という巨額な規模である。要するにこれまで前例のない規模のお金で「じゃぶじゃぶ」にし、これによって、15年近く続いた日本経済のデフレからの脱却を図ることを目指すというのであるが、金融緩和については、アベノミクス1年後までは計画通り推移している。

また、日銀が買い入れる国債は、従来、満期までの平均残存期間が3年弱であったが、その後は40年債までのすべての国債を買い入れ、残存期間も平均7年になった。

さらに日銀の国債保有は、お札の発行残高を限度としてきたが、既に実質的にこの限度を超えており、この「銀行券ルール」を一時適用しない方針にした。なお、平成25（2013）年度の生鮮食品を除く日本の消費者物価上昇率はマイナス0・2％だった。

その物価上昇の目標について日銀は、2年程度で2％上昇させると言ってきたが、4月下旬、平成27（2015）年度の消費者物価指数が＋0・9％～2・2％（中央値が＋1・9％）になるという具体的な展望を明らかにしていた。

日銀は、金融操作方法をマネタリーベースに変えた理由について、長期国債などの国債購入を増やすことから、金融機関の短期の貸し借りをするコール市場より分かりやすいと説明している。

また、マネタリーベースを増加させるために、国債だけでなく、リスク資産とされる株価指数連動型上場投資信託（ETF）や、不動産投資信託（REIT）

の買い入れも拡大するとしている。

アベノミクスは、当時、ノーベル経済学賞を受賞した米国のジョセフ・スティグリッツ米コロンビア大学教授やポール・クルーグマン米プリンストン大学教授から大きく評価された。

スティグリッツは「円高を是正して景気を刺激し、本格的なデフレ対策を打つという意図は正しい」と述べ、大胆な金融緩和や財政出動を柱とする安倍政権の経済政策を評価した。また、クリスティーヌ・ラガルド国際通貨基金（ＩＭＦ）専務理事も、アベノミクスについて、「中央銀行の独立性が確保されている限り、好ましく興味深い計画」と評価し、7月に英国のイングランド銀行（中央銀行）総裁に就任したカナダ銀行のマーク・カーニー前総裁も、就任前「さきのモスクワでのＧ20の主旨に沿っている」と、これを支持する発言をしている。

＊［**注1**］マネタリーベース＝資金供給量、つまり日銀が供給する通貨のことで、具体的には、日銀の①お札発行高と②市中に出回っている流通高、それに、市中銀行が日銀とのやりとりや銀行間の決済などのために③日銀に設けている当座預金の三つを合計したものである（ウィキペディア　平成25年）。

3　金融緩和5年後

緩和の副作用

日本銀行は、平成30（２０１８）年7月31日、「金融の超緩和」あるいは、「異次元の金融緩和」とも呼ばれた大規模な金融緩和を修正した。この金融緩和は、平成25（２０１３）年4月に始まり、「2年程度」かけて「2％」の物価安定目標を実現することになっていたが、物価が思うように上がらず、長期化を余儀なくされ、緩和策の「副作用」が出てきた。これには強い反発も出て、政策の修正を迫られることになったのである。

ただ、金融市場の動揺を避けるため、今後も副作用に配慮しながら、低金利を続けることを同時に約束するとしており、どっちつかずの内容でもある。つまり、日銀は大量のお金を流し込んでも物価は上がりにくいと分かったのに、物価上昇率２％達成に向けて金融緩和を続けるとしている。新たな物価見通しでは、目標達成は、２年以上も先になりそうで、開始から5年が経つ緩和策がいつまで続くのか、さらに見えにくくなったとも言われている。

5年も続く低金利で銀行の収益は悪化している。大手銀行幹部の一人は「今の日銀の金融政策は、金融界から産業界への利益の『付け替え』だ。いつまで続けるつもりか」と強く反発する。中でも地方銀行が深刻で、金融庁によると平成30（２０１８）年3月期決算では、地銀の半数程度が本業で赤字だった。

大規模な金融緩和は、景気を良くし、消費が増えるのに伴って物価も上がるとして、年2％になるよう目標も定められたのであった。また、民間の銀行が持つ国債を日銀が大量に買い上げることによって、金融機関が参加する市場にお金を流すとともに、利息や利子の元となる金利を下げた。すると円資産に付く金利が下がることから、円を売る動きが出て円安になった。円安で輸出企業などの業績が上がると見て株価も上がった。

しかし、この反面で国債を取引する債券市場では、日銀が国債発行額の4割超を買い占め、民間同士の取引は減少した。新発の10年物国債の取引は、平成30（２０１８）年当初から既に6回も売買が成立していない。

また、株式市場も日銀が上場投資信託（ＥＴＦ）の購入を増やしている影響で「日本株が理解不能な動き方をしている」とも言われる。

上場企業の４割で「日銀が大株主」

日銀は2％の物価目標達成の手段として、国債とＥＴＦ購入を進めている。ＥＴＦというのは、株価指数の動きで運用成績が分かる投資信託で、日銀の購入は平成22（２０１０）年に始まり、平成28（２０１６）

年からは年6兆円ペースで買い続けている。既に保有株は東証一部の時価総額652兆円の4%になる。
日経紙の試算によると、日銀保有の3735社中、10位以内の大株主に入ったのは1446社で、1年前の1・7倍に増えた。東京ドーム、サッポロホールディングス、ユニチカ、日本板硝子、イオンの5社では日銀が実質的な筆頭株主だ。本来の企業価値と無関係に株が買われて問題はないのか。それにしても、今回の政策修正で副作用が大きく減らせるかどうかは、依然として見通せない。

政策の修正

ここで、改めて今回の金融緩和策の修正を整理する。

①長期金利操作→金利を「ゼロ程度」に誘導する方針は変えないが、事実上の上限を現在の0・1%から「倍程度の変動」つまり、「0・2%程度までの上昇を容認」する。

長引く超低金利で、金融機関は貸し出し収益の減少にもつながりかねない状態になっている。また、年金や積み立て保険の運用難による老後資金への不安も続いている。金利をある程度上向かせる政策修正で、悪影響の軽減につなげる。

②フォワードガイダンス*〔**注2**〕の導入→今回の日銀の政策が緩和姿勢の後退と見られないようにするため、先行きの金融政策の指針（ガイダンス）を示した。平成31（2019）年10月に予定されている消費税率引き上げの影響などを踏まえて「当分の間、現在の極めて低い長短金利の水準を維持する」というもの。

③上場投資信託買い入れ→日銀が間接的に個別企業の大株主になるような悪影響を減らす。年6兆円の買い入れ額は「上下に変動しうる」とした。

このほか、マイナス金利政策は維持する。日銀の物価上昇率の見通しでは、平成31（2019）年度が1・5％、20年度が1・6％で、まだ目標の2％には届きそうにない。

この時の日銀の修正については、修正直後の段階では、金融緩和の「縮小」なのか「継続」なのかを巡って市場の見方が割れ、不安定な動きも見られた。つまり、日銀が現実にどこで金利を抑えに動くのか、読みあぐねていたのである。

金融政策決定会合前には、欧米のような金融政策の正常化への期待もあったが、この時の決定は市場の期待と異なったようだ。

*［注2］フォワードガイダンス＝中央銀行が将来の金融政策の指針を示しておくこと。金融政策を変更する条件や時期をあらかじめ示すことで、市場に安心感を与える効果がある。米FRBや欧州のECBなどの中央銀行が導入している。日本では用語は異なるが、1999年2月にゼロ金利政策導入後、日銀が「デフレ懸念の払しょくが展望できるまで」といった使い方をしている。

4 政府の台所

家計にたとえると

政府の平成30（2018）年度予算案の歳入と歳出の単位を1兆円から10万円に置き換えてAさんの家計に例えてみるとどうなるか。家族構成は、サラリーマンのAさん、専業主婦の妻、親と離れて大学に通う長男の計3人とする。Aさんの平成30年度の年収（予算で言えば税収）は、景気の回復で平成29（2017）年度（当初予算）から13万円増え、590万円となった。

しかし、それでもこの収入だけでは、977万円に上る支出（歳出）を賄いきれない。不足分は、銀行から336万円を新たに借金するほかない（新規国債を発行するしかない）。

Aさんの家計に重くのしかかるのは、親の介護や病院代などにかかる費用（社会保障費）である。支出額は３２９万円の見込みで、この10年間に１００万円以上増えた。このほか、教育費や生活費（政策的経費）は７４４万円に上る。住宅や車のローンなど借金の返済（国債費）に２３３万円かかる。借金の残高は、計８８２７万円に上り、完済はほど遠い。長男もバイトの時給が増えず、仕送り（地方交付税交付金）が必要になっており、１５５万円を送る予定だ。

予算の諸問題

［問題点1］

一般会計97・7兆円の予算案、景気回復による税収増や、低金利に助けられ、当面の財政の健全さを示す諸指標で見ると、わずかながら改善している。しかし、平成29（２０１７）年10月の衆院選で与党が圧勝したことなどによる高揚感もあるのか、看板政策に名を借りた安易な支出が多く紛れ込み、「タガの緩み」と指摘されそうな支出も紛れ込んでいる。

具体例としては、

＊九州で問題になっているフリーゲージトレイン。線路の幅が異なる新幹線と在来線の間隔を変えて走る車両技術の開発であるが、これまで約５００億円の国費を投じてきた。平成30（２０１８）年度も9億円の予算がついたが、導入を検討してきたＪＲ九州は、平成29（２０１７）年7月に「割高で採算が取れそうもない」と断念。だが、いったん予算が付くと、ゼロベースで見直すのが難しくなる典型例と言われている。

＊当初予算では、歳出抑制のルールに縛られることから、補正予算を「抜け道」に使う。一例は、小企業の設備投資支援の補助金で、平成28（２０１６）年度補正で1千億円から８００億円弱に下がっていたが、平成30（２０１８）年度予算案と一緒に決まった平成29（２０１７）年度補正予算案で1千億円を計上。

＊総務省と経済産業省が競合するサイバー対策予算。この両省には、どちらもサイバー研修機関があり、縦割りで予算の取り合いをする。効率化の視点は置

き去りにされている。

［問題点2］

平成30（2018）年度の予算編成で「中長期的課題」として残されている次の二つを取り上げる。「防衛費の膨らみ」と、先送りされた「社会保障の改革」である。

「防衛費の膨らみ」は、5兆1911億円で平成29（2017）年度当初より1・3％増え、4年連続で過去最大である。新しく陸上配備型迎撃ミサイルシステム「イージス・アショア」など米国製の高額な兵器を購入するというのである。高額な最新の兵器は、複数年で分割払いになるため、将来の予算の制約要因にもなる。

もう一つの「社会保障の改革」については、各メディアが一斉に指摘している問題点であるが、「社会保障」の財源が国債の発行、つまり将来世代へのつけ回しに頼っているという点だ。現政権は、借金返済に充てるべき財源を年に2兆円減らし、幼児教育・保育の無償化に回し、将来世代への目配りを後回しにしている。平成24（2012）年に旧民主、自民、公明の3党が合意した「税と社会保障の一体改革」は変更された。そうなった以上、給付と負担の全体像の作り直しに向けて、改めて長期的な視点で議論する必要がある。その際、財政健全化の旗を降ろさなければいけないことは言うまでもない（朝日社説平成30・1・6ほか）。

［問題点3］

「基礎的財政収支」の黒字化。国の歳出のうち、社会保障や公共事業などにかかる「政策経費」を借金以外でどれだけ賄えるかの指標が「基礎的財政収支」（プライマリーバランス＝PB）。従来のPB黒字化の目標は2020年度だったが、これを断念し、新しい目標を決めることになった。2019年10月の消費増税による増収のうち、借金返済に回す分を別の用途に使ってしまうため、内閣府の1月の試算では、黒字化は2027年度になるとみられているが、あくまでも2025年度の黒字化を目指すべきだという主張もある。

5 財政的児童（幼児）虐待

論議・骨太の方針

「米ボストン大学のローレンス・コトリコフ教授は、財政悪化のツケを子や孫の世代に押しつけるさまを『財政的幼児虐待』と呼ぶ。ＧＤＰ（国内総生産）の２倍に近い１１００兆円もの長期債務を抱える日本はその見本だ」（日経社説　平成30・6・16）。

政府は6月15日の臨時閣議で、平成30（２０１８）年の経済財政運営の基本方針（骨太の方針）や成長戦略を決めた。これを受けて16〜17日付の朝日・毎日・読売・日経の社説が一斉にこれを取り上げているので、その要点を紹介する。「骨太の方針」全般については、3紙の社説が見出しで強く批判している。

＊「骨太の方針、危機意識がなさ過ぎる」（朝日）
＊「骨太の名が泣く甘い経済財政改革」（日経）
＊「安倍政権の骨太の方針、借金のつけ回しを放置した」（毎日）

批判の対象となっているのは、冒頭の「財政的幼児虐待」に関わる問題で、国と地方の基礎的財政収支（プライマリーバランス）を黒字化する時期の目標を、従来の２０２０年度から２０２５年度へ5年間遅らせたことだ。「国・地方合わせた１０００兆円超の借金に対する危機感がまるで欠けている」（毎日）、「安倍晋三政権の強い危機感が伝わってこない」（日経）、と手厳しい。

財政再建とも深く関わる社会保障については、「（給付と負担の在り方を含め社会保障の総合的かつ重点的に取り組むべき政策は）２０２０年度に取りまとめるとした。あまりにも悠長だ」、「医療や介護で高齢者にも応分の負担を求めたり、保険の給付範囲を見直したりといった負担と給付の議論が避けられない」（朝日）と指摘している。

また社会保障については「総じて切り込みが足りないのは明らかだ。年金支給開始年齢を65歳から70歳に引き上げるといった抜本策から目をそらすべきではない」（日経）としている。

さらにアベノミクスの下で出している6回目の「成長戦略」については、平成28（２０１６）年の「成長戦略」にある１３４施策のうち、平成30（２０１８）年1月時点で目標を達成している項目は半数を下回った。日本経済の成長力を高めることが狙いであるが、地力を示す潜在成長率は１％前後に低迷したままだ。「アイデアの寄せ集めに終わっていないか。予算要求の口実になるだけでは困る」（読売）。

「骨太方針と同時に閣議決定した未来投資戦略には、見るべき点がある。スマホだけで行政手続きを終えられるようなデジタル政府の実現を盛り、人口減が激しい過疎地で金融や交通サービスが競争力を保つための方針を、平成30（２０１８）年度中に示すと明記した」（日経）。今一度、日本経済活性化を目指す原点に立ち返ることが大事だという。

6「3本の矢」のその後

民間の後押し戦略

政府は平成29年6月の臨時閣議で、第二次安倍政権発足以来5回目となる「経済財政運営と改革の基本方針」（骨太の方針）や今後の「成長戦略」を決定している。

安倍政権の政策、アベノミクスは平成25（２０１３）年6月、金融緩和、財政出動、成長戦略の3本の矢を束ねた政策で人気を集め、期待された。それから4年が経過したが、足元の「潜在成長率」は０・69％、平成26（２０１４）年度下期の０・84％からむしろ下がっていた。

アベノミクスに対するこの4年間のエコノミストやマスコミの評価は、外国人旅行者の増加など、5段階評価で言えば、5に近いものもあるが、ほとんどが3前後で、中でも社会保障改革や財政健全化については、ほぼ2となっている。例えば年金・医療などの社会保障給付費は、平成28（2016）年度で約118兆円。個人や企業の納める税や保険料で賄っているのだが、給付を抑える手だてや岩盤規制を突破する姿勢が見られず、政府の取り組みは立ち遅れていると言わざるを得ない。

また、政府が「通常国会に提出した法案の数」を見ると、小泉政権の平均106本に比べ、安倍政権は70本にとどまる。法案の内容も郵政民営化など、経済分野が多かった小泉政権に比べ、安倍政権は、特定秘密法など安全保障分野に偏っているのも目立つ。

では、閣議決定された平成29（2017）年度の「骨太の方針」には何があったのか。新しく登場した柱の一つは、働き方改革に続いて、「人材投資を通じた生涯現役社会の実現」であった。また、成長戦略としては「未来投資戦略2017」がある。長期停滞を打破し、中長期的な成長を実現する鍵は、AI（人工知能）やロボットなどを活用して生産性を高める「第四次産業革命」を、あらゆる産業や社会生活で活用することだとして、集中的に資源を投資する「戦略分野」を決定した。

①健康寿命の延伸↓効果的な遠隔診断の促進。
②移動革命の実現↓ドローン活用の荷物配送、平成30（2018）年度から山間部で実施。無人車両の隊列走行（最先列は運転手付き）を2020年に新東名高速道路で。
③供給網の次世代化↓IoT（モノのインターネット）の最新機器を製造現場へ導入促進するための法整備。
④快適なインフラ・街づくり↓建設現場や災害対応のロボット活用など。
⑤フィンテック↓金融とITとの融合によるサービスが実施されるよう環境を整える。

このほか、規制緩和の一つとして、ドローンや自動運転車などの実証実験を円滑に進めるため、期限や地域を定めて規制を縮小する規制の「サンドボックス」制度の創設も入っていた。なお、この日に閣議決定されたものには、これらの他にも「規制改革実施計画」や「まち・ひと・しごと創生基本方針」があった。

また政府は、平成30年2月に、「未来投資会議」で、成長戦略の実行計画の了承を得ている。この中には、約30本の「成長戦略関連法案」を開会中の通常国会に提出することが盛り込まれた。

安倍首相はこの会議で「社会が激変しようとする中で、行政は『民間の努力を後押しするエンジン』とならなければならない」と述べている。

これらの法案の中の3本柱と言われるのは、①働き方改革関連法案、②生産性改革法案、③産業競争力強化法案である。

①の働き方改革関連法案は、働く時間ではなく成果で評価する「脱時間給」制の導入や、残業時間に上限を設け、忙しい月でも100時間未満とする。さらに「同一労働同一賃金」の実現を目指す内容となっている。脱時間給や裁量労働の部分は、平成27（2015）年に労働基準法改正案として国会に提出され、野党から「残業代ゼロ法案だ」などと厳しく批判され、廃案になったもの。今回は規制強化策と併せて4年越しの成立を狙う。この働き方改革の法案は平成30年にかけて国会で大きな論議となった。

②の生産性改革法案は、規制を一時凍結して、企業が新しい技術を試す「サンドボックス制度」を創設するもの。具体的には、企業が新しい技術を試したいとき、所管官庁ではなく内閣官房の窓口に規制緩和を要望する。すると首相任命の委員による評価委員会が規制官庁の大臣に勧告できる仕組みにする。

企業は迅速な実証実験が可能になり、金融とIT（情報技術）を融合したフィンテックやシェアリング・エコノミー（共有型経済）などで新しいサービス開発につなげる。このほか、IoT（モノのインターネット）投資に積極的な企業については、法人税負担を20％に下げるという項目もある。

③の産業競争力強化法案は、自社株を使った事業再編成をやりやすくする内容で、産業の新陳代謝を活発にすることを狙う。

安倍首相は平成30（2018）年9月の自民党の総裁選に向けて、これらの成長戦略法案を成立させたいとしていたが、平成28（2016）年度成長戦略の134の重要項目のうち、目標を達成したのは45％の60項目で、40％に当たる54項目は目標に届かなかったとの検証結果も示された。残る15％は、評価が行われた時点でデータが得られなかったなどの理由で評価をしていない。

目標を達成した（あるいは達成の目安がついた）項目には、製造業の生産性の伸びや訪日外国人の人数などがある。一方、目標を達成できなかったものには、農林水産業の改革にかかわる項目が多い。農地の集積、農業法人の増加、「第6次産業化」の規模拡大などの主要項目で、ことごとく目標に届かなかった。サービス業の労働生産性の伸び率も20年に2％の伸び率達成を目指すが、目標からほど遠い。

7 働き方改革

改革の意義

週休2日で1日8時間労働を50年続けると、「10万時間」になるという。その働き方が平成29（2017）年春、大きな問題になった。この年も、大卒の就職は売り手市場になっていると言われたが、働く現場では、「長時間労働のまん延、非正規労働者の急増、生産性の低下など、戦後の急成長を支えてきた日本の雇用環境は、いつの間にか非効率で社会のひずみを生む要因になりつつある」。その一方で、働く人の数は急速に減少しつつあり、AI（人工知能）の普及、グローバル化などで職場の環境も大きく変わろうとしている。

この間、日本の代表的な広告会社・電通で新人女子社員が過労自殺していた問題が大きくクローズアップされて、長時間労働の規制が焦点となった。実行計画策定を目前にした議論では、実質的に青天井だった残業時間について、年720時間（月平均60時間）の上限を新たに設けることでは、労使の足並みが揃った。

問題は、繁忙期など特定の月に残業が集中する場合、特例をどこまで認めるかである。現在の労働基準法の下では、残業時間は月45時間、年360時間までとする基準が一応設けられている。しかし、36条にちなんだ「36（サブロク）協定」を会社と労働者代表が結べば、協定の例外としての取り決めで、最大6カ月間はいくらでも残業できる仕組みになっている。長時間労働の自殺で問題となった広告会社の女性社員の場合は、残業が月100時間を超えることもあったという。

このため、政府は原案として、仕事が集中する時期は、1カ月のみならば100時間まで、2〜6カ月平均で80時間を超えないようにする案を出したが、野党は「月100時間までの残業というのは『過労死ライン』ではないか」と批判し、過労死で家族を失った人からは「過労死ぎりぎりまで働かせることにお墨付きを与えるようなものだ」との声も出て、結局、安倍首相の要請で「月100時間未満」とする方向となった。さらに、5年後見直しを前提とする、終業時刻と始業時刻の間に一定の休息時間を確保する、などでも労使が合意した。

働き方法案（平成30年6月）

平成30年の国会で安倍政権が最重要法案と位置づけてきた働き方関連の8本の法案が、5月31日の衆議院本会議で賛成多数で可決され、参院へと送付された。国会の会期は残り少なくなっていたが、この国会で成立する見通しとなった。これにより与野党で対立する「高プロ」、つまり高収入（年収1075万円以上）の一部専門職を労働時間の規制からはずす「高度プロフェッショナル制度」の創設が実現し、2019年4月から導入される見込みとなった。

参院で審議されていた労働関係8本の法律を分類すると、①残業規制、②同一労働同一賃金、③脱時間給制度（高プロ）の3本柱になる。

①残業規制↓日本の労働法制への導入は初めて。残業時間の罰則つき上限規制の原則は、月45時間以内で年３６０時間以内。臨時にこの上限を超える必要がある場合、月１００時間未満まで残業を認め、原則は年７２０時間を上限にする。ただし、月45時間を超えられるのは年６カ月まで。違反企業には企業側に懲役や罰金を科す。適用開始は、大企業２０１９年４月、中小企業は２０２０年４月。

②同一労働同一賃金↓狙いは非正規の賃金や手当の拡充。業務内容に応じて賃金を決め、休暇や研修も正規と同様の待遇が受けられる。

③脱時間給制度↓年収１０７５万円以上の高度専門人材が対象。金融ディーラーやコンサルタントなどの専門職が労働時間制に縛られず働ける。適用を受けた人が自分の意思で制度を離れられる規定も盛り込まれた。

働き方改革の法案の中には、長時間労働の是正など、働く人たちの健康や暮らしを守るための改革と、経済界が求めてきた規制緩和の「高プロ」という、方向の異なるものが混在している。「高プロ」について政府は、適用を望む人がいるからではなく、多様で柔軟な働き方の選択肢として整備したという。

　ひとたび法律が動き出すと、例えば残業時間の規制について「繁忙期は月１００時間未満」という上限に対し、労災認定の目安とされる「過労死ライン」の１００時間ギリギリまで働かせることを認めるのか、という批判が出る。制度の運用の仕方によって大きく変わることもある。

　また、「働き手のやる気を引き出すのは企業の仕事だ」とも言われる。ＩＴ（情報技術）は、パソコンへの入力作業などを自動化するといった形で人の働き方を変えており、特に金融分野での自動化が目立つ。

「違法残業」の基準

厚生労働省は平成29（2017）年12月、違法な長時間労働を放置する企業の社名公表基準を厳しくするなど、過労死防止に向けた緊急対策をまとめた。この対策は、広告大手の電通で、当時24歳の新入女性社員が過労から自殺をし、平成28年9月末、労災認定されたことを受けて、まとめられたもの。厚労省は、「長時間労働削減推進本部」の会合で「過労死等ゼロ緊急対策」として打ち出した。

これまでも社員に違法な長時間労働をさせていた企業名は公表されてきたが、公表の基準は2016年5月以降、「月100時間超の違法残業が1年間に3事業所で見つかった場合」としており、この基準によって社名が公表されたのは、わずか1社だけだった。

今回の見直しでは、「長時間労働を月80時間超」まで引き下げ、「1年間に2事業所で違反が見つかるなどした企業」に改められた。こうした企業に対し、まず労働基準監督署が本社の労務担当幹部を呼び出して指導する。その後、一定期間を置いて本支社に抜き打ちで立ち入り調査に入り、改善状況を確認する。そこで違法な長時間労働が見つかれば、企業名を公表する。

複数の事業所で過労死、過労自殺があった企業については、指導の手続きを経ずに直ちに企業名を公表する。このほか、メンタルヘルス対策や、パワハラの防止策も強化することになり、平成29（2017）年1月以降、順次運用に入った。

厚労省によると、平成27（2015）年度は、月80時間以上の残業をして過労死・過労自殺と認定された人が151人。月100時間超の違法な時間外労働による是正勧告は、約500件あった。

大きな課題の一つは、長時間労働を解消する前提となる労働時間が正確に把握されているのかどうかである。企業の間では、労働時間を実際よりも少なめに申告することが横行していることを見逃すべきではなかろう。

「過労死防止」へ大綱改定

過労死を防ぐため平成26（2014）年に施行され

た「過労死等防止対策推進法」に基づいて策定された「過労死等の防止のための対策に関する大綱」が、平成30（2018）年7月24日に改定された。この大綱は、過労死や長時間労働が多い業種を名指しして特別な調査の対象にする。働き方の実態を把握し、効果的な対策に生かす仕組みである。これまでの調査対象業種は、自動車運転、教職員、外食、IT、医療の5業種であった。これに今回メディアと建設が加わり、7業種になった。

平成29（2017）年版の「過労死等防止対策白書」では、5業種のうち自動車運転・外食の2業種の企業や働き手にアンケートを実施している。これによると、自動車運転では12月に深夜や休日出勤が集中する。トラック運転手の労働時間が長くなるのは、荷主の都合で待ち時間が発生するからだ、という理由が多かった。

また、外食店では最も多い月に従業員が4・1回、店長が3・9回も休日出勤している実態が明らかになった。一方、企業側に働き過ぎを防ぐ上での課題を尋ねると、「人手不足で対策が取れない」「売り上げや収益が悪化する恐れがある」という回答が上位を占めた。

平成29（2017）年度に過労死や過労自殺（未遂を含む）で労災認定された人は計190人で高止まりが続く。新しくメディアと建設が加わったのは、広告大手の電通やNHK、新国立競技場の建設現場などでの過労死や過労自殺が社会問題になったことが背景にあるようだが、そうでなくても労働時間が長い職種である。

月末1週間に法定労働時間の1・5倍となる60時間以上働く人の割合は、全業種平均が7・7%なのに対し、広告は13・3%、放送は12・5%、建設は10・7%などと高くなっている。いずれも長時間労働の常態化が指摘されてきた。このため、日本広告業協会、日本民間放送連盟、日本新聞協会、それに日本建設業連合会などの団体が事態を重く受け止め、是正の動きを見せている（朝日　平成30・7・25ほか）。

8 GDP目標と今後

GDP600兆円の目標

話はさかのぼるが、安倍首相は、平成27（2015）年10月第三次安倍改造内閣を発足させ、その目玉として、「1億総活躍社会」の実現を提唱した。この年9月に閉会した通常国会では、政府は安全保障関連法の成立に力を注いだが、軸足を再び「経済最優先」に戻し、経済政策を一層強化する姿勢を見せた。

首相が掲げる一億総活躍の狙いは、①名目GDP（国内総生産）を600兆円にし、②合計特殊出生率（平成26年は1・42）を1・8まで引き上げる、さらに③家族などの介護のために仕事を辞めなくてはならない、いわゆる「介護離職」をゼロにするという第2ステージの「3本の矢」をめざすことにあった。

つまり「強い経済」「子育て支援」「社会保障」の3分野を重点的に推進する。こうした政策を通じて50年後も人口1億人を維持し、一億総活躍社会の実現を図るというものであった。この「3本の矢」のうち、最も反響が大きかったのは、「名目GDP600兆円が実現できるかどうか」の論議である

平成26（2014）年度の日本の名目GDPは490兆円だったが、なぜ600兆円が目標なのか。推測として、内閣府の中長期の試算では名目の成長率が3％以上で推移した場合、2021年度には名目GDPが600兆円を超すということにヒントを得たのではないかと見られている。

ただ、エコノミストの間では、これの実現はかなり難しいという見方が多い。それは人口減少が続く中で、経済をことさら刺激しない場合の巡航速度とも呼ばれる「潜在成長率」が0％台前半の水準にとどまっており、3％成長が何年も続くとは考えにくいこと。さらに米中の貿易戦争で日本経済にマイナスの影響が出てきたり、日本経済に影響しやすい中国を始めとする新興諸国の経済が今後減速する恐れもあると懸念されていたこと、などによる。

ただ、アベノミクス「3本の矢」の三番目、「成長戦略」の成否を測る物差しとして、極めて分かりやすいのは、日本では0％台前半と言われる「潜在成長率」ではなかろうか。もちろん、成長戦略にあまり貢献しそうにないからと言って、社会保障を軽視するわけにはいかないことは言うまでもないのだが。

①異次元の金融緩和については、平成25（2013）年3月に発足した日銀の黒田東彦体制が国債などを大量に購入し続け、異次元の緩和が維持されている。黒田総裁はこれまで、2年程度の期間を念頭に置いて、消費者物価の上昇率を2％で安定させる目標を示してきた。この金融緩和策で円安や株高が進み、企業収益も好転した。

しかし、消費税の引き上げや円安による輸入物価の上昇などから、家計は生活防衛の様相を強めているように見える。世界的な原油の値下がりの影響もあって、消費者物価2％の目標は達成せず、GDP（国内総生産）はアベノミクス以前と比べて、大きく伸びたわけではなく、日銀も金融緩和の政策を変えそうにはない。

第1ステージの残り2本の矢、②機動的な財政運営と③成長戦略については、率直に言って、まだ高い評価を与えられる段階ではない。財政問題から言えば、いずれ量的緩和の「出口」局面で、日銀が大量に買い入れた国債を売却しなければならなくなる。その際、国債価格の急落を招かず、軟着陸させることが出来るのかという課題がある。

ちなみに米国はこうした局面の脱出に、今後10〜20年かけると伝えられており、その厳しさを今から予測する必要がある。

当面の成長戦略を考えてみても、外国人旅行者が想定以上のペースで増えていることは、成功と言えるが、あとは企業統治を強化するため、上場企業の大半が社外取締役を置くようになったのと改正農協法が出来たことくらいだ。しかも、第2ステージの3本の矢の中には成長戦略という言葉はない。成長戦略は「GDP600兆円」達成に向けて重要な政策であり、高い経済成長は、増える一方の社会保障費を賄うためにも不可欠である。目標に届かなくても、せめて20年ほど続いているGDP約500兆円のトンネルから抜け出すために、あらゆる成長戦略を動員する必要があると言えよう。

なかでも平成の30年間に、科学・技術の革命的な発展が期待できるような時代になりつつある兆しが見えてきた。例えば、AI(人工知能)は、ディープラーニングで人間が到達できなかったことを可能にしたり、膨大なデータから、これまで見えなかった情報を浮かび上がらせることを可能にした。また、自動運転車や空飛ぶクルマも夢物語ではなくなりつつある。医学の世界では、相次ぐ日本人のノーベル賞受賞がその画期的な成果を物語っている。「成長戦略」では、こうした未来に向けた成果をいち早く身近に取り寄せる役割が、今後ますます大きくなってゆくのではないか。

第7章

追い付かない社会保障政策

1「2025年問題」

高齢者の統計から

平成30（2018）年9月15日に厚生労働省が発表したところによると、100歳以上の高齢者は6万9785人で、前年よりも2014人増えて48年連続で過去最多を更新した。全体の88・1％は女性であった。

また、総務省が平成30（2018）年9月に発表した推計によると、9月15日現在の高齢者（65歳以上）は3557万人で、前年より44万人（＋0・4ポイント）増加した。1950年以降、高齢者が全人口に占める割合は、一貫して増加し、28・1％となって、ここでも過去最高を更新した。なおこの1年間に総人口は27万人減っている。

高齢者の割合は世界で最も高く、前年に200万人を超えた90歳以上の人口もさらに増え、209万人に達した。

年代別では、70歳以上が2519万人（総人口の19・9％、5人に1人）、80歳以上は1074万人（8・5％）、90歳以上は206万人（1・6％）となっている。高齢者の増加で国の社会保障費も平成31（2019）年度予算の自然増が6300億円と見込まれている（公式サイト：総務省統計局平成30・11・1）。

団塊の世代すべて後期高齢者へ

2025年には、団塊の世代（1947年から49年にかけて生まれた第一次ベビーブームの人）全員が75歳以上の後期高齢者となる。その結果、5人に1人が75歳以上、3人に1人が65歳以上の「超高齢化社会」となる。

介護を必要とする人が大幅に増えると予想され、介護に携わる人材の不足が「迫られた課題」になりそうだ。介護保険制度が施行された平成12（2000）年以降、介護職員の数は年々増加している。当時55万人程度だった介護職員は、平成25（2013）年には171万人まで増えた。しかし人材の確保は、急増するニーズに追いつかない。

厚生労働省の需要推計によると２０２５年度には、介護職員が約２５３万人必要とされる。これに対し、供給の見込みは約２１５万人で、約38万人の介護職員が不足すると見られている。そこで政府は、３つの柱からなる対策を打ち出している。①離職した介護人材の呼び戻し、②新規参入促進、③離職防止と定着の推進、である。

①介護職を離れた人が介護の仕事に再就職する場合、準備金（20万円）貸し付けを行っており、２年以上働き続ければ返済は全額免除に。また、離職した介護職員の情報をハローワークや福祉人材センターに登録し、マッチングを強化する。

②新規参入促進策として、介護職を目指す学生に学費（月額５万円）、入学・就職準備金（各20万円）などの貸し付けも実施。５年間介護の仕事を続ければ返済は全額免除。

③離職防止のため働きやすい環境整備（介護職に従事し、育児もできる事業所内保育施設の整備・開発・運営、介護ロボットの開発や普及など）。

年金・医療・介護など社会保障給付費は、平成27（２０１５）年度の１１８兆円に対し、25年度は１４８兆円に膨れ上がると推計されている。こうした財政不足や人材不足が立ちはだかり、病院や施設だけで「２０２５年問題」の医療や介護を担うことに限界が見えてきた。

そこで、政府は「病院から在宅へ」の方針を進め、介護が必要な状態になっても、住み慣れた地域で自分らしい暮らしができるように「地域包括ケアシステム」の構築を目指すようになった。これは、ケアマネジャーなどが相談や仲介の窓口となり、医療や介護、生活支援などのサービスを日常生活圏内で一体的に提供することを想定している。その際、要介護となる前の状態で食い止める「介護予防」の役割も期待されている。

2 「フレイル」

そこで注目されるのが「フレイル（虚弱）」という状態である。「フレイル」とは、低栄養や筋力の低下から生活機能全般が衰え、健常と要介護の中間にある状態のことである。「生活の中でのささやかな衰え、いわば『プレ・フレイル』を自覚することが介護予防の第1歩」（東大・飯島勝矢教授）とされている（日経平成29・10・16）。

語源は英語のfrailty（弱さ、虚弱）。高齢者の心身の活力が落ちた状態を指すが、物忘れや、うつ、人付き合いがおっくうになることもある。健康な状態から「フレイル」を経て要介護になることも多い。その予兆に早く気付く必要があるが、専門家は、大事な点として「社会参加」「栄養」「運動」の3点を挙げる。

「栄養」面では、筋肉のもとになるたんぱく質を取ることと、かんだりのみ込んだりする力を保つことも入る。

「フレイル」の症状にはサイクルがあり、例えば慢性的な低栄養」の状態が続くと、「サルコペニア」という症状になる。筋肉の量が減少することによるもので、握力や下肢筋・体幹筋など全身の筋力低下が起こり、歩くスピードが遅くなる、杖や手すりが必要になるなど、身体機能の低下が起こるという。こうした「フレイル」の進行を防ぐには、フレイルサイクルのスピードを遅くするという治療が大事になる（公式サイト：公益財団法人長寿科学振興財団　平成30・11・3）。

「社会保障給付」2040年度190兆円へ

ちなみに、65歳以上の高齢者数がほぼピークを迎える2040年度には、介護や医療などの社会保障費はどうなるのであろうか。

前回の平成24（2012）年推計では団塊世代が75歳以上になる2025年度までを対象としたが、平成30（2018）年5月21日の経済財政諮問会議（議長・

安倍首相）では、高齢者が３９２０万人とほぼピークを迎え、高齢化率は35・３％、つまりほぼ３人に１人を占める時期について推計した。これによると、２０２８年度には社会保障給付費は約１９０兆円と、平成30（２０１８）年度の１・57倍になるという。

給付費の財源は主に税と社会保険料で、自己負担分は含まれない。部門別では、介護を必要とする人が増えることが大きく、介護費は平成30（２０１８）年度の２・４倍の25・８兆円となる。次いで医療費が１・７倍の68・５兆円、年金は金額が大きいが、伸び率は１・３倍で73・２兆円になると推計されている。

このほか、子ども・子育ては、７・９兆円から13・１兆円に増える。少子化で子どもの数は減っていくが、待機児童ゼロの政策や幼児教育・保育の無償化などの要因で、給付費の伸び率は大きくなる。政府はこうした推計を受けて、給付を抑え負担を増やす方向で議論するとみられている。将来的な消費税の在り方まで議論される可能性もあるのではないか（２０１８年）。

３ 年金制度の改革

年金制度の一元化

公務員の「共済年金」と、会社員の「厚生年金」が平成27（２０１５）年10月に一元化された。

平成24（２０１２）年に成立した「被用者年金一元化法」の施行によるもので、新しい出来事ではないが、年金制度の大きな変わり目として、記憶を新たにしたい。

厚生年金はこれまでも、旧国鉄職員が加入したＪＲ共済年金などを統合してきたが、それらは、年金財政が大幅に悪化したものを救済するなどの統合であった。しかしこの時の一元化は、それとは異なる。

①官民格差の是正。つまり、民間企業で働く人も国・地方自治体の公務員も、将来に向けて同一の報酬であれば同一の保険料を負担し、同一の公的年金給付

を受けるという「公平性の確保」を図ること（それまで「共済年金」は、「厚生年金」より保険料率が低く、給付も「職域加算」の分だけ手厚いなどの格差があった）。

②少子・高齢化の進展などに備え、年金財政の範囲を拡大して安定性を高めること。

以上二つの大きな狙いに基づくものであった。

一元化への改革は、年金制度1階部分の「国民年金」はそのまま。2階部分には、民間で働く3441万人の加入者を持つ「厚生年金」に、国家・地方の公務員及び私立学校教職員合わせて442万人の「共済年金」が加わる。これによって、2階部分は、「厚生年金」一本に統一されることになったのである。さらに「共済年金」の3階部分にあった「職域加算」は廃止となった。これに代わって、民間の企業年金に相当する新制度が導入されることになったが、民間との格差が残らないような仕組みにするとされた。その他「遺族年金」の支給対象など、これまであった「共済年金」と「厚生年金」の制度的な相違については、基本的に「厚生年金」の仕組みに揃えることになったのである。

問題点としては、すべての組織が一本化されたわけではなく、「共済組合」の組織は残され、従来通り、保険料徴収や年金給付、積立金運用などを行うことから、無駄や非効率な面を指摘する見方が出ている。また、年金財政を立て直すために厚生年金と国民年金の保険料の水準を平成29（2017）年以降固定することが決まっており、限られた保険料収入で年金給付を賄うため、給付水準を徐々に引き下げる「マクロ経済スライド」の仕組みが平成27（2015）年4月から実施されるようになった。

この年の10月には、厚生年金の保険料率が0・354%引き上げられ、標準報酬の17・828%になる。しかし、この仕組みはデフレの場合は発動されないことになっているため、長期的に安定した仕組みとは言えない点に弱点があるとされている。

　このほか、厚生年金と国民年金は平成26（２０１４）年度末で約１４６兆円の積立金があるが、その約半分は株式に投資されている。資金運用で損失が発生した場合の対応策が取られていないなどの課題も抱えている（社会保険出版社ネット発行「共済年金は厚生年金に統一されます」平成27・10・3）。

「新ルールの年金額」試算

　厚生労働省は、平成28（２０１６）年の臨時国会で成立した改正国民年金法によって、賃金が下落した場合に、年金（基礎年金）がどう推移するかを試算し、平成29（２０１７）年12月に公表した。結果は、平成20（２００８）年のリーマン危機級の賃金下落が起こった場合、その5年後の基礎年金の支給額は０・６％減ることが分かった。

　年金の支給額については、賃金や物価の変動に合わせて変える仕組み、つまり「賃金・物価スライド」がある。これにより、今は賃金が下がっても、物価が上がったときには、年金額は据え置いている。賃金の下がり方が物価より大きい場合も、賃金ではなく、物価に合わせて年金額を変えている。

　今回の法改正は、将来世代の年金給付水準を維持するのが目的で、２０２１年4月からは、賃金の下落に合わせて支給額を減らす新しいルールに切り替えられる。

　これにより、保険料を負担する将来世代と高齢者世代が痛みを分かち合えるようにしようというものである。今の仕組みは、物価が下がるデフレ下では発動されないため、過去10年間で今のスライド制度が発動できたのは、平成27（２０１５）年度に1回だけしかなく、物価上昇が見通しにくい現状では、支給額の抑制が難しいとされている。

4　管理が甘い「日本年金機構」と情報流出

　年金の平成30（２０１８）年2月支給分は、本来の金額よりも10万4千人分、20億1300億円分が少なかったことが判明した。扶養親族などの情報の誤記や入力漏れで、本来と異なる所得税額が差し引かれたようだ。年金制度を担う「日本年金機構」への信頼を揺るがす出来事はこれが初めてではない。なぜこういうことが起こるのか。

年金機構が個人データの入力を委託した情報処理会社による入力ミスなどがあったことが判明した。今回は、配偶者控除の制度変更に基づいて、控除の申請をし直す記入の仕方が分かりにくく、期限までに返送しない人が続出した。その結果として一部に年金支給漏れが発生したのであった。

次に明らかになったのは、528万人分の個人データ入力にかかわるもので、委託された情報処理会社の作業員は百数十人しか確保されておらず、業者の当初説明の800人と大きく異なっていた。また、手作業で入力するという手順も守らず、機械で読み取っていた。

さらに、この情報処理会社は、契約に反して中国の業者に500万人分の作業を再委託していたのである。公的機関が保有する個人情報には厳格な管理が求められることは言うまでもない。驚いたことに、機構は再委託を把握した後も代わりの業者が見つからないという理由で再委託をそのままにし、追加データまで渡していたというのだ。

老後の頼りである公的年金が正しく支給されない事態は、絶対に許せることではない。日本の年金制度全体の課題としては、平成30（2018）年には、6月に日本年金機構がサイバー攻撃を受け、101万件の個人情報が流出する出来事もあった。

5　医療費問題

高齢者が増えているというのに、平成28（2016）年度に医療機関に支払われた医療費の速報値（＝概算医療費）は14年ぶりに減少に転じた。概算医療費は、医療保険給付と公費、患者の自己負担分を合わせたもので、労災や全額自己負担は含まれていない。約1年後に確定値として公表される「国民医療費」の約98％に相当する。

平成30（2018）年9月に厚生労働省が公表した概算医療費は41兆3千億円となり、前年度より2千億円減少した。国民1人当たりの医療費も32万5千円で、前年度より2千円減ったが、75歳以上の医療費は増え続けており、前年度より1・2％増えた。

平成28（2016）年度の概算医療費が減少したのは、前年度に高額のC型肝炎治療薬が相次いで公的保険の対象となったことが大きく影響した。このため政府は年間販売額が極めて大きい薬の価格を引き下げるルールを適用したところ、2016年度はこれらの薬の価格が3割程度下がった。さらに、こうした薬は完治が見込まれて、長期投薬の必要がないことも影響し、調剤費が下がったのである。

2018年度は、医療の公定価格となる「診療報酬」を2年に1度改定する年に相当する。改定率がどうなるかが今後の医療費の増減を大きく左右するが、基調としては、高齢化や医療の高度化で医療費が増加する傾向には変わりがないと見られている。

6「待機児童問題」

「待機児童」は、自治体が認可する保育施設に申し込んで入れなかった子どものことで、厚生労働省のまとめでは、平成29（2017）年4月1日時点で全国に2万6081人おり、2016年春よりも2528人増えた。増加は3年連続となった。

国の保育サービスは拡充されているのに、「待機児童」が増えている。なぜなのか。

〈1〉**待機児童の定義変更**：一つの理由は、平成28（2016）年までの調査では、認可施設に入れなかった中から「次の四つにあてはまる場合は保育の必要性が低い」として、除外することができた。

①保護者が育児休業中
②保護者が求職活動を休止
③自治体が独自に助成する認可外施設を利用
④特定の保育所のみを希望

以上の4点である。これらは、「隠れ待機児童」とも呼ばれ、4月時点で6万9224人おり、「待機児童」の2倍以上いる。

しかし①の場合は、保育所に入れず、やむをえず育休を延長している人も多いことから、「育休中でも復職の意思がある場合は待機児童に含める」と定義が改められた。新定義は平成30(2018)年春から適用となっていたが、9割の自治体が揃って春から新定義によって集計し、「待機児童」増加の一因となった。

〈2〉**共働き家庭の増加**:総務省の労働力調査によると、子育て世代(25~44歳)の女性の就業率は、平成23(2011)年の66・7%から72・7%に上昇。親が自治体に保育の利用を申し込んだ子どもの数も、平成28(2016)年までの5年間に約50万人増えて約265万人となっている。保育所の増設が利用ニーズを掘り起こしたとも言われている。

〈3〉**「需給のミスマッチ」など**:保育の定員は平成29(2017)年には、約274万人と、平成23(2011)年から60万人以上増えている。それでも「待機児童」数が減らないのは、子どもの年齢による「需給のミスマッチ」と、「地理的なミスマッチ」によるとされる。年齢については、「待機児童」の9割が3歳未満、つまり1~2歳児の受け皿が圧倒的に不足しているのである。

地理的な需給の偏りについては、待機児の7割が首都圏と近畿圏、その他の大きな都市に集中し、富山、鳥取など7県では待機ゼロだった。

また、待機児童の多い自治体の8割が保育士不足に悩んでいるという。その背景には、仕事の大変さの割りに賃金が低いことがある。月額は約22万円で、全産業平均に比べて約11万円低い。保育士の資格を持ちながら、保育の仕事に携わっていない「潜在保育士」は約80万人いるとみられている。

国は平成29（2017）年6月、「子育て安心プラン」を発表した。これによると、待機児童解消に必要な受け皿として、平成30（2018）年度から2年間に22万人分の予算を確保する。ただし、待機児童をゼロにする目標を3年遅らせて2020年度末とし、その後も2年でさらに10万人分上乗せして、計32万人分の保育の受け皿を新しく整備するとしている。首相は、この「子育て安心プラン」で、今度こそ待機児童問題に終止符を打つと強調している（公式サイト：厚生労働省）。

7 身体障害者雇用問題

「身体障害者手帳」

障害者雇用促進法は、国や地方自治体、民間企業に対し、一定割合以上の障害者を雇うことを義務づけているが、国や半数以上の県で、雇用者数を不適切に算入していたことが分かった。この制度を所管する厚労省のガイドラインでは、障害者雇用の根拠として、「身体障害者手帳」、知的障害の「療育手帳」、「精神障害者保健福祉手帳」の3手帳のどれかを持つ人となっている。

厚労省が平成30（2018）年8月28日発表したところによると、中央省庁では、8割に当たる27行政機関で3つのうち、どの手帳も持たない計3460人分を不適切に算入していた。このうち国税庁では1000人、国土交通省では600人超にのぼった。障害者の雇用義務付けは1976年から実施されており、障害者の就労機会を広げ、自立した生活を促す目的がある。

障害者数の水増しを招いた原因の一つは、雇用の手続きについて各省の解釈が分かれたことによると言われているが、8月22日に開かれた厚労省の労働政策審議会障害者雇用分科会では、委員らが水増し問題に厳しい批判の声を上げたという。

一方、企業で働く障害者については、平成29（2017）年6月時点で約49万6千人と、15年連続で増加した。企業規模別では、従業員1千人以上の法定雇用率達成は62・0％で、大企業ほど障害者雇用が進んでいる。平成30（2018）年4月からは、法定雇用率が2・2％に引き上げられ、2021年までに2・3％となる。常時雇用者数100人超の企業が達成できなかった場合は、不足する人数に応じて納付金（未達人数1人に付き原則月5万円）を納めなければならない。法定雇用率を超えて雇用する場合は人数に応じて雇用調整金が支給される。

8　まだある課題から

新オレンジプラン

もう一つ、課題として取り上げられたのは、政府が国家戦略として平成27（2015）年1月に決めた認知症対策、「新オレンジプラン」である。

認知症対策としては、平成25（2013）年度にスタートしている「オレンジプラン」（認知症施策推進5カ年計画）があるが、「認知症の人の意思が尊重され、できる限り住み慣れた地域のよい環境で、自分らしく暮らし続けることができる社会の実現を目指す」（公式サイト：厚生労働省）という基本的な考え方に基づいて、「新オレンジプラン」（認知症施策推進総合戦略）として関係閣僚会合でまとめたものである。

認知症に対する社会の取り組みを一層幅広く推進させるため、国家戦略に格上げしたと見ることもできよう。「新オレンジプラン」の対象期間は、団塊の世代が75歳以上となる2025年となっているが、数値目標は平成29（2017）年度としている。

認知症の高齢者は平成24（2012）年現在で462万人と、高齢者7人に1人となっているが、高齢化が進行するにつれて認知症の人はさらに増え、

2025年には、730万人（5人に1人）になると予測されている。

認知症が進むと、正常に発達した知能が低下し、認知や記憶の障害、さらに人格が変わることもあるようだ。例えば、認知症で徘徊《はいかい》し、自分の家が分からなくなり、そのまま行方不明になる例があった。また平成25（2013）年には、鉄道事故で死亡した91歳の認知症の男性について、妻など遺族の見守り責任と事故による電車遅延の賠償責任を問う裁判がJR東海から出され、名古屋地裁は、遺族に賠償を請求する判決を下した（訴訟は最高裁まで上がり、賠償請求は棄却された。だが、責任能力のない人が起こした事故の損害回復をどうするかという問題が浮かび上がった）。

また、全国の警察が把握している高速道路での逆走が、平成26（2014）年は224件あった。このうち運転者が認知症だったケースが12・1％に当たる27件ある。逆走で認知症の割合が1割を超えたのは、統計のある2010年以降初めてだと言う。


こうした認知症対策としてまとめられた「新オレンジプラン」は、7つの柱から成る。その例としては……
＊学校教育などで、認知症の人を含む高齢者への理解を深める。大学などでは、学生がボランティアとして認知症高齢者と関わる取り組みを推進する。
＊認知症初期段階の人々を集中して支援するチーム作りの目標を引き上げ、平成30（2018）年度からすべての市町村で実施する。
＊適切な医療・介護の提供、特に早期発見のために歯科医師・薬剤師の対応力を高める。
＊認知症の高齢者にやさしい地域づくり、等々。
安倍首相は、この国家戦略について「世界のモデルとなる取り組みを進める」と強調しているが、これに対し、「急ごしらえで、数値目標が一部に限られている」「日本では精神科病院に入院する認知患者が5・

3万人に上り、先進国では異質状況で、国際機関から改善を求められている」といった批判も出ていることを記しておこう。

第8章

女性の社会進出

1 増える働く女性

女性就業率主要国並みに

女性の社会進出が進まない！　女性リーダーも育たない！　長年の課題である「待機児童問題」の解消すら達成できていない！　と言われてきた。しかし、ここ数年で女性活躍の数値は改善し始めているものもある。

第5章でも見た通り、日本の15～64歳の「生産年齢人口」、つまり主な働き手の人口は少子高齢化の進行で、この20年間に約1割減って、約７６００万人となっている。主要国の中でも突出したスピードで減少が続く。ところが、実際に働いている就業者数は伸び続けている。平成29（２０１７）年は11月までの平均で６５２８万人と、前年を約1％上回った。過去2番目の水準だった６５１４万人を超えるのも確実である。「生産年齢人口」に対する比率で見ても、平成25（２０１３）年に初めて8割を超え、今では85％を上回る。けん引しているのは、女性とシニアだと見られている。

15～64歳の女性で、働いている人の割合は、平成29（２０１７）年11月に68・2％と5年前に比べて6・7ポイント上昇し、過去最高水準にある。ＯＥＣＤ（経済協力開発機構）によると、この女性就業率は米国を平成25（２０１３）年に抜き、主要先進国と遜色ないレベルに達している。今後については、息の長い景気回復で女性の労働参加率は男性並みに高まるという見方もあるが、いずれ女性の働き手も枯渇し、減少に転じる見込みだという。それどころか、人口減少と高齢化で労働参加率が２０２０年ごろには減少方向に転じるとの見方もある。

今後の対策としては、男性が育児休業を取りやすくする環境の醸成、さらに北欧のデンマークやスウェーデンのように、女性の公務員を積極的に増やし、そこから社会進出を実現していくといった工夫も重要ではないか。

女性給与、4年連続最高

厚生労働省が平成30（2018）年2月28日に発表した平成29年の賃金構造基本統計調査によると、フルタイムで働く女性の所定内給与（＝就業規則などで定められた正規の始業時間と終業時間の間の実労働時間の給与）の平均が前年より0・6％多い24万6100円となり、4年連続で過去最高を更新した。調査は従業員10人以上が働く全国約5万事業所で平成29（2017）年6月に支給された給与の金額をまとめたもの。残業代は含まない。

男性の所定内給与を100とすると、女性は73・4で、比較できる1976年以降では、男女格差は最も小さく、2年連続で最小を更新。管理職に就く女性が増えたことによるという。

雇用形態別では、男性より賃金水準の低い女性が非正規で働くケースが増え、非正規全体の女性の賃金水準は下がっている。

ノケジョも増える

大学の農学系の学部で、女子学生の割合が年々増えていると伝えられる。最近流行の「リケジョ（理系女子）」式の呼び方で言えば、「ノケジョ（農学系女子）」となる。

文部科学省のまとめでは、全国の大学農学部の女子学生の割合は平成元（1989）年度に20％だったが、平成23（2011）年度には43％を占めるようになった。この中には「生命」「資源」など農学系に近い学部は含まれておらず、これらを加えるともっと多くなるとみられる。

多くの大学が農学は、作物を育てるだけでなく、食料や環境、健康面などの問題解決に総合科学として貢献できるとアピールしていること、就職先も公務員から化粧品、食品メーカーにひろまっていることなどが女子学生を惹きつけているのではないかと言われている。

2 女性活躍推進法

女性活躍に法的裏付け

安倍政権が地方創生とともに大きく掲げているのは、「すべての女性が輝く社会」の実現である。その手法は、地方創生の場合と似ており、施策の司令塔となる「すべての女性が輝く社会づくり本部」を設置し、本部長には安倍首相が就任した。平成26(2014)年10月の初会合で首相は「指導的立場で活躍される女性を増やすと同時に、子育ての不安の解消、母子家庭の生活の安定など、全ての女性の活躍推進のため施策の充実に取り組みたい」と述べた。この時政府は法案も提出したが、その後政治情勢が変わって衆議院解散になり、審議が進まず廃案となった。

翌年、アベノミクスの第3の矢となる「成長戦略」改訂版が出され、この中の柱の一つとして、外国人や元気な高齢者と並んで、女性の活用が大きく取り上げられた。

女性の活用といっても、さまざまな角度があるが、企業の中で女性に活躍してもらうため、数値目標の設定などを義務付けようとする「女性活躍推進法案」が再提出され、5月下旬から再審議の末、平成27(2015)年8月28日に国会で可決成立した。

この法案は、国、自治体、従業員300人超の企業(全国で1万5000社ほど)を対象にしている。文字通り、女性の社会における活躍を後押しする法律であり、企業が自社の状況を把握するための必須項目は次の4点である。

①女性を採用しているか(女性採用比率)
②男性と比べて、女性だけが辞めていないか(勤続年数の男女差)
③長時間労働になっていないか(労働時間の状況)
④女性が管理職として登用されているか(女性管理職比率)

また、行動計画の届け出をし、女性の活躍推進についての取り組みや実施状況が優良な企業については、申請により厚生労働大臣の定めた認定マークを自社商品などに付けることができる。ただ、「女性活躍推進法」は、罰則規定を伴わないため、実効性を危ぶむ見方があるが、一方で女性活躍の進み具合を「みえる化」することが良い動機付けになるとの見方もある。

ただ、妊娠や出産に直面した女性を退職に追い込んだり、雇用形態を変えたりする「マタニティー・ハラスメント」が後を絶たず、安倍政権が政権公約として掲げている「2020年までに指導的地位に占める女性の割合を30%にする」という目標達成は、今のところ実現しそうにない（公式サイト：「日本の人事部」平成30・11・5）。

補足

平成26（2014）年に公表されている国際統計によると、女性管理職が占める割合は、米国で47・1%、フランスは36・1%、以下、スウェーデン、英国、シンガポール、ノルウェーがいずれも30%以上で、韓国と日本は11%台にとどまっている。

女性が活躍できるようにするには、男性の育児や家事への参画が欠かせない。この点は、この年閣議決定された「少子化社会対策大綱」とも関わる問題である。日本の男性が育児・家事に費やす時間は、世界的に見て最低レベルで、6歳未満の子どもを持つ男性の場合で1日平均1時間7分と、欧米の3分の1程度である。このため大綱では、2020年度を目標にして、男性の育児休業率をこの当時の約2%から13%に引き上げること、妻が出産した際の夫の休暇取得率を8割にすること、などが打ち出された。

こうした動きは、共働きの夫婦が増えている中で、仕事と生活の調和を図る「ワーク・ライフ・バランス」の実現を目指すことにもつながる。その一方で、低賃金で雇用が不安定な非正規労働者の増加や、男女間の給与格差の問題もある。

男女間の給与格差については、男性が1年間に稼ぐ給料と同額を女性が稼ぐには、3カ月と10日余分に働く必要があるという。このことを知ってもらおうと、女性たちで作るＮＰＯ団体が4月10日を「イコールペイデー」として、平成27（２０１５）年4月10日、東京の丸の内で10人ほどの女性がビラを配って歩く姿が報道された。

しかし課題が大き過ぎて、社会全体で取り組んでもどこまで改善できるか、心許ない（公式サイト：内閣府・首相官邸・衆議院／２０１５年）。

3 「女子力」とは？

アベノミクスの柱の一つに「女性活躍」がある。この背景には、日本の生産年齢人口（15〜64歳）が２０２６年までに約５６０万人減少する……つまり、今後ほぼ10年間に兵庫県の人口に相当する現役世代が消失するという見通しがある。そこで、女性の能力を存分に発揮してもらおう、というのだ。

既に女性の雇用者数は平成24（２０１２）年から平成27（２０１５）年までに１００万人ほど増えたが、正社員・職員の増加数は2万人に過ぎず、あとの98万人はパートなど非正規雇用で占められている。家庭の事情で非正規を自ら選ぶ人もいるが、企業社会の中枢に身を置き、男性にない発想で新商品やサービスを生み出すような人材は、一朝一夕では育たないのも事実である。

そこへ最近、「女子力」という言葉が流行するようになった。その意味は多様化しており、「宴会のサラダ取り分け」から「自立した女性像」まで広がり、ほめ言葉であり、けなし言葉にもなり、その存在自体への批判もあるようだ。新聞の1面を使って、「女子力」の連載をするところも現れた（朝日：平成29・1・22以後）。そこで、この連載記事を参考にしながら、あまりにも多様なこの言葉の内実を垣間見ることにする。

「言葉を通じた市場創造」について研究している松井剛・一橋大学教授（消費者行動論）へのインタビュー

記事から：

平成14（2002）年に女性誌で「『女子力』つけて・もてる私」という記事が出た。雑誌記事タイトルから「女子力」というキーワードを含む記事数を調べたところ、平成24（2012）年までに631件。ファッション誌の場合「女子力」は外見に関わるものが多い。キャリア誌やライフスタイル情報誌などでは、礼儀作法やマナーといった内面に関わるものなど、多義的に使われた。

一例としては、『OZ plus』誌（平成13年7月号）では、「35歳までに身につけたい『女子力』」として、「仕事力」「コミュニケーション力」「時間力」「人脈力」「結婚力」を挙げている。こうした「女子力」を高める、化粧品やエステ、言葉などが注目されることで、関連する需要が生み出され、企業がマーケティングを展開するようになった。

ただしこの流行語は無条件に受け入れられているわけではなく、嫌悪感を示す人が少なからず存在することにも注意すべきだ、としている。

米国で「女子力」をテーマにした卒業論文を書き、米ハーバード大学で野間・ライシャワー賞などを受賞し、その後日本の会社員としては働く女性がいる。キャシー・トランで、両親とともにベトナム難民として米国に渡り、米国で育ったが、アニメなど日本文化が大好きで、その後日本に留学した。その際、日本のテレビで女子力という言葉を何度も聞いて、友人に尋ねても今一つよく分からなかった。ふと友人のグラスが空になっていたことから水を注ぐと「それが女子力だよ！」と言われて混乱したと言う。「女子力」という言葉が持つ意味や、それが広まった背景が知りたくなり、卒業論文のテーマに選んだ。

以下、キャシー・トランの調査結果の要約である：

若い男女200人に「女子力が高い女性とはどんな人か」と尋ねたり、雑誌の特集を検証するなどで調べたが、インタビューを受けた女性の半数はこの言葉が「あまり好きではない」と答えた。調査結果から見えてきたのは、「女子力」には明快なゴールがなく、女性たちは際限のない高みを目指すことを強いられている。

「ある」か「ない」か、ではなく「高い」「低い」という程度を問われると、きりがなくてしんどかろう。米国には「女子力」に相応する言葉も発想もない。学校の先生は、性別などを問題にせず「キャシーならできるよ」と挑戦を後押しし続けてくれた。

4 ジェンダー・ギャップ

男女格差の国際比較

スイスのダボスで毎年「ダボス会議」を開いているWEF（世界経済フォーラム）が各国のジェンダー・ギャップ（男女格差）を調べており、その報告書が毎年11月に発表されている。このランキングは、「政治への参加」「職場への進出」「教育」「健康の度合い」の4分野のデータを使って男女平等の度合いを指数化し、総合順位を決めている。各項目の評価の仕方は「0が完全不平等、1が完全平等」を意味するようにし、0から1まで、小数点以下3桁（例：0・123）で評価し、それを4分野ごとにまとめている（公式サイト：内閣府男女共同参画局総務課「共同参画　平成30年1月号」）。

各国との比較でみると、日本の順位は平成29（2017）年144カ国中114位で、過去最低だった前年の111位からさらに順位を下げた。上位を占めたのは、1位のアイスランド、2位のノルウェー、3位フィンランドなど相変わらず北欧諸国が目立つ。

日本の4分野の順位を細かく見ると、「健康の度合い」は、出生時の男女比率と平均寿命のいずれの項目も「1位」だった。「教育」の分野は、初等・中等教育の在学率、識字率の項目はトップだったが、高等教育の在学率は「101位」にとどまり、この分野としては76位だった。

「職場への進出」の分野では、日本のみならず他国の指標も改善し、前年の118位から114位へと若干改善している。日本全体の順位を大きく下げているのが「政治への参加」の分野である。個別の項目では、国会議員の男女比が「129位」、閣僚の男女比も「88位」と前年より悪化したのが目立ち、政治の分野は、前年の103位から123位へと大きく順位を下げる結果となった。

こうした統計から、女性の活躍を掲げるアベノミクスも、この男女格差の解消は容易でないと見受けられるが、報告書は日本の結果について、「政治参画の項目が後退したものの、経済参画、つまり『職場への進出』の分野で特筆すべき進歩があったことで埋め合わせている」と指摘している。

欧州諸国との比較研究によれば、家庭でも社会でも男女が平等に扱われる慣行があり、社会への信頼性が高い国は出生数が高いと言われる。日本が希望の出生率1・8を目指すには、少なくとも、男女平等の指数が先進国の間で大きく引き離されて、ほぼ最低ランクという状況から脱出しなければならないという見方がなされている。

「候補者男女均等法」

前項の「男女格差の国際比較」で、日本は政治の分野で男女の格差が特に大きいことを見てきたが、これを改善する方策はなかなか見つかりそうもない。特に日本では、歴史的に女性が政治を動かしたという例もほとんどない。

そこで、政治は男だけの仕事ではないとする「政治分野における男女共同参画推進法」が発案され、平成30（2018）年5月16日成立した。各国議会の女性議員の比率を比較すると、日本は10・1%で、193カ国中158位にとどまる。国政選挙のみならず、地方議会などの選挙も含めて、男女の候補者数を均等にすることを目指すことになった。候補者数をできる限り均等にするよう、各党に目標設定などの自主的な取り組みを促すための法律である。

フランスなどでは、男女の候補者数の割合を半々にするよう法律で義務付ける「クオータ制」がすでに取られているが、日本は法律で強制するのではなく、まず努力義務でスタートすることになった。だが法律の効き目はあるだろうか。少なくとも一朝一夕に進展するのは難しそうだが。

5 働く女性の結婚

増える再婚

厚生労働省が平成29（2017）年1月29日、人口動態統計のうち、特定のテーマに絞って調査結果を分析した「特殊報告」を公表した。これによると、平成27（2015）年に結婚した夫婦のうち、両方またはいずれかが再婚だった割合は26・8％と全体の4分の1を占め、比較可能な昭和27（1952）年以降では最も高くなった。

この年の結婚は63万5156組で、このうち二人とも初婚は73・2％だった。一方、夫だけ再婚が10・0％、妻だけ再婚は7・1％で、いずれも再婚は9・7％となっている。

再婚の割合が増えたことについて、厚労省は「離婚や再婚について抵抗感がなくなってきたことが背景にあるのではないか」と見ているが、最近は晩婚化が進んでいることも考慮すると、少子化の加速につながるのではないかと気にかかる。

ちなみに、平均結婚年齢は、夫婦とも初婚の場合は過去最高の30・7歳、妻は29・0歳で過去最高の平成26（2014）年と並んだ。なお、国際結婚は全体の3・3％で、ピークだった平成18（2006）年の6・1％以後は減少傾向が続いている。

生涯未婚率

50歳の段階で一度も結婚したことがない「生涯未婚率」が、平成27（2015）年は男性23・37％、女性14・06％で平成22（2010）年の前回調査より、男女とも3ポイント超増え、過去最高を更新した。平成29（2017）年4月、国立社会保障・人口問題研究所の調査で分かったもので、5年に1回、国勢調査を基にして公表されている。

昭和45（1970）年には、男性1・7％、女性3・33％であったのが右肩上がりに増加し、男性はほぼ4人に1人、女性はほぼ7人に1人が「生涯未婚」になった。非正規労働者が約4割を占め、金銭的な理由で結婚をためらう人も多い。自治体も婚活に力を注ぐようになっているが、「官製婚活」には批判もある一方で、結婚に対する周囲の圧力も減っているようだ。

6 今後の課題

「働く女性」の意識調査から

政府が女性の活躍を成長戦略に位置づけて5年が経過した。女性にとって活躍しやすい環境は整っているのだろうか。平成29（2017）年12月、正社員として働く20～50代の女性、2000人を対象にインターネット上で実施された意識調査の結果を見る（日経紙実施）。

▽平成25（2013）年以降、自社の女性活躍が進んだ実感は？→「ある」「どちらかというとある」＝21％、「ない」「どちらかというとない」＝61％。

（課長職以上の管理職では→「実感あり」＝3割超、一般社員＝19％。勤務先の規模別の「実感あり」は→300人未満＝15％、300～1000人未満＝24％、1万人以上＝39％）

▽管理職志向＝20％、「管理職になりたいと思わない」＝60％

▽職場でハラスメントを受けた経験は？→「ある」＝21％（このうち「部長クラスから」＝41％、「課長クラスから」＝34％）

女性役員

内閣府は、企業や官公庁の女性参画に関する平成29（2017）年の調査結果を公表した。このうち、上場企業の女性役員は前年に比べて0・3ポイント増えて3・7％となった。これは過去最高で、数も

1510人となり、この5年間で2・4倍に増えた。ただ、2020年度までに女性役員を10％にするという政府の目標とは、まだ開きがある。

民間企業の課長級、係長級でも女性の割合が増えており、課長級で全体の10・3％、係長級で18・6％を占めた。

ところで、アベノミクスの「成長戦略」では、早い段階から女性の活用をかかげ、政府・官公庁の人事では、局長級に女性を登用するようになってきた。平成26（2014）年の「成長戦略」改訂版では、民間企業の有価証券報告書で役員の女性比率を明示するよう義務付けることになった。有価証券報告書は株式を証券取引所に上場したり、日本証券業協会に登録している企業に毎事業年度終了後、提出が義務付けられているもので、財務の実態などと合わせて、女性の役員登用の実情が開示されることになったのである。

男女平等の度合い

生後7カ月の長男を連れて熊本市議会の本会議に出席しようとして認められなかった熊本市議の緒方夕香は「女性の進出を阻むもの」（朝日・平成29・12・23）という記事の中で、こう述べている。

「私が滞在していたイエメンは、男女平等の度合いで、世界最下位の144位でした。でも数字から見えてこないこともあります。人々は仕事を早めに終わらせ、家族と過ごす時間を大切にする。出張先に家族を連れてくることもあります。イエメンに過労死という言葉はありません」。

これに関連して言えば、野田聖子総務大臣（当時）は、夜間も人工呼吸器の調整などが必要な障害のある長男と夫を伴って、1月9～11日、フィリピンに出張したことを明らかにした。「女性が子どもを家に置いて長期出張に出るのは、事実上不可能。できないことを『できる化』するのが私の役割だ」とも述べている。

ガラスの天井

ウィキペディアによれば、「ガラスの天井」は、当初は女性のキャリアを阻む障壁のことを指す言葉であったが、今では資質または成果にかかわらず、マイノリティや女性の組織内での昇進を妨げるもので、「見えないが、打ち破れない障壁のこと」だとある。中でも、女性の能力開発を妨げ、企業での上級管理職への昇進や、意思決定の場への登用を阻害する要因について用いられることが多いとされる。

雇用均等の先進国である米国でも上級管理職になろうとする女性になお「ガラスの（見えない）天井」が存在すると言われている。日本の企業では、天井のガラスがもっと厚そうである。

政治の場合について、小池百合子都知事は、こんな談話をしたことがあった。「都知事に当選し、ガラスの天井を一つ破った。都議選でも、ガラスの天井を破ったかなと思ったけど、（その後の）総選挙で鉄の天井があるということを改めて知った」。

その後「女性だから云々は関係ない」と釈明したが、ネットではこの発言が波紋を呼んだ。このとき希望の党は衆院選に235人の候補者を立て、そのうち20％の47人は女性であったが、当選者50人中女性は2人だけだった。

第9章

京都議定書から パリ協定へ

1　京都議定書から20年

「脱炭素」を巡る激しい競争

先進国に温室効果ガスの排出削減を義務づけた「京都議定書」は、平成9（1997）年12月11日京都で開かれたCOP3（国連気候変動枠組み条約の第3回締約国会議）で採択。平成29（2017）年12月には、20周年を記念するシンポジウムが18カ国から約千人を京都に迎えて開催された。この20年をふり返る。

議定書では、平成8（1996）年から平成12（2000）年までを「第1約束期間」として、排出削減が先進国に義務付けられた。日本は平成2（1990）年比6％削減の義務を背負ったが、日本全体の温室ガス排出量は、5年間の平均で1・4％の増加となった。削減義務を課された先進国、約40カ国の中で排出量が増加したのは、日本など10カ国だった。ただ日本は、森林吸収分3・9％と、海外が削減した分を買った5・9％を合わせて、何とか目標を達成したのであった。

この20年間で、排出量が最も少なかったのは、リーマン危機の翌年、平成21（2009）年で、平成2（1990）年より排出量が少なかったのは、この年だけである。平成23（2011）年には東日本大震災があった。その影響で原発が止まり、火力発電の稼働が増え、排出量が増加するようになった。米国が平成13（2001）年に京都議定書から離脱し、温暖化対策は経済の阻害要因と見られがちであった。

これに対し、EU（欧州連合）は、京都で排出量8％削減を義務付けられたが、結果的には11・8％の削減を達成した。その後も、域内排出量取引制度や自然エネルギーの固定価格買い取り制度（FIT）などが各国に広がった。さらにCOP3以降、世界の風力発電の導入量は60倍以上になり、原発の設備容量を超えた。太陽光発電の発電コストは石炭火力発電を下回ることも珍しくなくなった。欧州では、CO_2削減を成長への機会ととらえられるようになっている。

「京都議定書」が「パリ協定」への道筋をつけ、今ではビジネスチャンスへと変わったと言われるが、削減を成長に十分生かせなかった日本は、「脱炭素」をめぐる激しい競争に後れを取っている。平成14（2002）年から平成26（2014）年にかけての名目GDP成長率と温室効果ガスの削減率を欧米と比較すると、欧米諸国ではこの間に、数十％成長し、CO_2削減率も英国は約24・8％、ドイツは32％、米国でも1・9％削減しているが、日本はマイナス0・4％成長で、CO_2も1・9％削減となっている。

厳しい削減を引き受けた国は、効率の悪い古い設備から新しい設備へと更新する。その過程で新たな技術革新が生まれ、投資も進んだのではないかという分析もある。日本はその逆だったのだろうか。

2　パリ協定

先進国と途上国の合意

平成27（2015）年11月末から、パリで196の国・地域が参加して開かれていたマラソン会議、COP21（国連気候変動枠組み条約の第21回締約国会議）は、会期を1日延ばして同年12月12日、2020年以降の地球温暖化対策の新しい国際枠組みとして、「パリ協定」を採択して幕を閉じた。

この協定の採択によって、地球温暖化問題で初めて、先進国と途上国が互いに垣根を越えて歩み寄った。共に温室効果ガス削減に取り組むことを約束したのは、初めてである。

この気候変動のパリ会議では、温室効果ガスの削減目標への取り組みと、先進国から途上国への資金支援の問題が大きな焦点となっていたが、議長を務めたフランスのファビウス外相の、外交官としての長年の経験に裏打ちされた説得力により、「そこにいた大勢が、無事な出産を祝う父親のような雰囲気の中でパリ協定は採択された」と英ＢＢＣは伝えている。

パリ協定の骨子

＊世界の平均気温の上昇を産業革命前から2度より十分低く保つという「2度目標」とともに、大小の島国が強く求めていた「1・5度」に抑える努力を追求する。排出量を早期に減少へと転じさせ、今世紀後半には、温室効果ガス排出を「実質ゼロ」にすることも目指す。

＊条約加盟の196の国・地域は自主的に温室効果ガス削減目標を国連に提出し、達成に向けた国内対策を行うことを義務付けた。2023年から5年ごとに世界全体でどれだけ対策が進んでいるかを点検する制度を設ける。

＊温暖化に伴う被害の軽減策について、世界目標を設けるほか、実際に起こった被害の救済を進める等。

最後までもつれた資金の問題は、「先進国は2020年まで年1000億ドルを拠出し、20年以降は上積みする」という文言があったが、議長案から外れ、法的な拘束力のない「ＣＯＰ決定」に移り、2025年までに上積み額を決めるとしている。

「パリ協定」の発効は、批准国が55カ国以上に達し、それらの国の温室効果ガスの排出量が世界全体の55％以上になることが条件となっている（公式サイト‥ＢＢＣ・読売電子版ほか、いずれも平成27・12・13）。

温室効果ガス「2050年に80％削減」

新しい地球温暖化対策の国際ルール「パリ協定」は、平成27（2015）年12月、パリで開かれたＣＯＰ21（国連気候変動枠組み条約の第21回締約国会議）で採択されたあと、翌年11月に発効となった。その柱になるのは、すべての国がCO_2（二酸化炭素）などの温室効果ガスの排出を今世紀後半までに「実質ゼロ」にすることを目指す初めての歴史的な合意である。「実質ゼロ」とは何か。

「パリ協定」では、温暖化による気温上昇を「産業革命前と比べて2度より十分低く保つ」ことを目標として掲げた。WMO（世界気象機関）によれば、現時点で既に1度程度上昇しているという。2度下げるという目標を達成することについて、パリ協定では、「今世紀後半に人為的な温室効果ガスの排出と吸収源による除去の均衡を達成する」と明記されている。これが「実質ゼロ」を意味する。

人為的な排出というのは、石油・石炭などの化石燃料を燃やす時に出るもので、CO_2排出量は年間338億トンに上る。一方、人為的な吸収とは、大規模な植林やCCS（CO_2を回収して地下に埋める装置）のことである。これらを均衡させれば、海や森林など自然の吸収分で大気中にたまっているCO_2は、徐々に減るというのである。

この「パリ協定」を受けて、日本政府は地球温暖化の基本方針を示す「地球温暖化対策計画」を策定することになり、その原案をまとめ、いち早く公表した。その中で、日本には平成24（2012）年に政府が閣議決定した「2050年に80%削減」という長期的な目標がある。環境省はこの延長上に「実質ゼロ」の社会があるとして、今度の計画原案にもこの80%削減案を長期目標として明記した。

「2030年に26%」削減案

環境省と経済産業省は、平成27（2015）年4月30日、CO_2（二酸化炭素）など「温室効果ガス」排出量を2030年までに、平成25（2013）年に比べて、「26%削減」するという政府の目標を示した。

2030年時点の電源構成や、省エネルギー技術の普及予測などを踏まえ、さらに2030年時点のエネルギーミックスも前提にして算出したとされている。

26%削減の内訳は、①エネルギー起源のCO_2が21・9% ②森林などによるCO_2吸収が2・6% ③代替フロンなどが1・5%となっている。このうち①のCO_2削減では、生産活動に悪影響が出ないように配慮し、産業部門は各業界の自主行動計画に沿って、平成25（2013）年比6・5％の削減率にとどめた。

これに対し商業・サービスや家庭部門は4割削減、運輸部門は3割削減としている。国内エネルギー消費の75％は、非電力部門の家庭や工場、自動車などの化石燃料使用によるもので、古い工場設備やオフィスなどの改修に省エネの余地があるとも言われている。

平成27（2015）年末には、パリでCOP21（国連気候変動枠組み条約第21回締約国会議）が開かれ、京都議定書に代わる新たな枠組みが決定される見通しとなっていた。それに先立って、安倍首相が6月の先進7カ国首脳会議で、平成25（2013）年比で「温室効果ガス」を「26％削減」するという考えを表明することにしたのである。問題は世界3位の経済大国であり、温室効果ガス排出では5位の日本の姿勢が国際的にどう評価されるかである。

主要国の削減率はこの段階では、米国が2025年までに2005年比26～28％減らす、EU（欧州連合）が2030年までに1990年比40％削減するという目標を国連に提出している。

日本の削減率は、ほかの国と肩を並べているとも見られるが、（各国が）「削減目標の基準年を変えて目標を実際より高く見せようとしている」といった批判も出ていた

ところでIPCC（国連気候変動に関する政府間パネル）は、平成26（2014）年に出した第5次評価報告書で、世界平均気温の上昇幅を2度未満に抑えるには、2050年に世界中で温室効果ガス排出を2010年比で40～70％削減し、2100年ころまでに「ネット・ゼロ」を実現する必要があると述べている。

「ネット・ゼロ」とは、化石燃料の利用などで大気中に出る温室効果ガスの排出量が、計算上、ゼロになる状態である。長期の目標には「ネット・ゼロ」の実現が待っているのである。

3 米国の協定離脱

自国優先のトランプ

平成29（2017）年6月1日、トランプ米大統領は、5月下旬のタオルミナ・サミットで日欧からも残留を求められていた、地球温暖化対策の国際的枠組み「パリ協定」から、離脱すると表明した。正式な離脱通告は、規定により、協定の発効から3年間は出来ず、さらに実際の離脱は、通告1年後となっていることから、トランプ氏の1期目の任期切れ（2021年1月）直前の2020年11月になる。

それにしても、中国に次ぐ世界第2位の温室効果ガス排出国である米国がいち早く離脱すると表明することは、「人類の英知に背を向けた」（山本環境大臣・当時）と言って過言ではないだろう。パリ協定は、産業革命以降の世界の平均気温の上昇幅が2度を十分下回るように抑制する目標を掲げる。温室効果ガスの排出量を2050年までに世界全体で40〜70％削減し、2100年には実質ゼロにする必要があるとしている。

現状は、世界の平均気温がこの3年間、過去最高を更新し、既に1度上昇している。また平成29（2017）年2月には、南北両極の海氷が観測史上最小になった。水温上昇でサンゴ礁が白化して死滅する被害も広がる。

それなのに、トランプ大統領は、地球温暖化が人間の活動を原因として進行しているという科学的な結論を全く無視しており、「温暖化対策は経済成長に逆行する」という古い考え方にもとらわれているようである。

さらに、この離脱表明は、トランプ氏の支持基盤となった産炭地の支持者をつなぎ留めるアピールの側面がある。規制を緩和して石炭火力発電所の新設や石炭採掘を容易にしようとするものであるが、石炭産業は、採掘技術の向上で生産が増えている「シェールガス」と呼ばれる天然ガスに圧倒され、衰退傾向にある。AP通信によると、米国の太陽光発電関連の雇用が約

37万人に伸びる一方で、石炭産業の労働者は約16万人まで減っているという。米国の「パリ協定」離脱による経済の活性化には、疑問の声も多いと日本の新聞各紙（平成29・6・3）も一斉に報道した。

「パリ協定」から1年

地球温暖化対策を推進するための「パリ協定」が平成28（2016）年に発効してから1年。COP23の国際会議では、2020年にスタートする協定のルール作りを加速することなどが確認された。残念なのは、トランプ政権の米国が協定離脱を表明したことで、国際NGOが米国に特別化石賞を贈った。ただ米国の15州政府を含む2500以上の自治体や企業は、パリ協定の目標達成を目指す。15州のガス発生量の合計は世界4位に相当する（朝日社説　平成29・11・21）。

4　再生エネルギーの諸問題

拡大する世界の「再生エネルギー」

世界的には、太陽光や風力などの再生可能エネルギーによる発電量が急拡大しつつある。発電にかかるコストが劇的に低下したことが大きいようだ。しかし、日本はコストが高止まりし、周回遅れと言われている。1月中旬、アブダビで開かれた「IRENA《アイリーナ》（国際再生可能エネルギー機関）」の総会でアミン事務局長は「我々はエネルギー転換の新たな時代に入った」と強調した。

IEA（国際エネルギー機関）が平成29（2017）年11月発表した世界のエネルギー見通しでは、世界の発電量のうち、再生エネの占める割合は、平成28（2016）年の24％から2030年時点で35％、2040年には、40％に拡大するとしている。2040年の再生エネの発電量は、平成28（2016）

年と比べて2・6倍となる。それでも火力と原子力が担う役割は大きいが、２０４０年にかけて大きく伸びる電力需要を再生エネの拡大で賄う構図になる。

再生エネの発電量が急増するのは、パリ協定で対応を迫られているのに加えて、太陽光発電のコストが、技術革新などによって下がっていること、さらに事業者間の競争も激しくなったことなどによる。

世界の太陽光の平均発電コストは、平成22（２０１０）年ころ、1キロワット時当たり35円程度であったが、平成29（２０１７）年には10円程度となり、中東の大規模太陽光の入札では、3円程度で落札されるケースも相次いでいるという。ＩＲＥＮＡによると、世界の火力の平均コストが3〜10円に下がっても、再生エネのコストも遜色ない水準になっていく見通しだという。効率の良い陸上風力や太陽光なら、２０１９年までに3円程度か、それ以下になるからだとしている。

問題は日本である。世界的には再生エネが活気を帯びているのに、日本の再生エネは、コストが高止まりしている。その一方でCO_2（二酸化炭素）の排出が多く、地球温暖化対策の大きな障害になりかねない「石炭火力」を「基幹電源」としており、その位置づけを見直す必要に迫られている。

国内では、東電福島第一原発の事故で、各原発が止まったのを補う形で、コストの低い石炭火力の稼働が増えた。今は発電量の3割余りを担うが、民間の建設計画が全国でさらに約40基もあり、すべてが実現すると、CO_2排出量が国の想定を大幅に超える恐れがありそうだ。

そこで、政府部内で議論されている「エネルギー基本計画」に合わせ、「石炭は重要なベースロード電源の燃料」との位置づけをはずし、再生エネルギーの拡大を推進する必要があるのではないか。

国内の再生エネ推進に当たっては、大手電力会社が送電線の容量不足を主張している。しかし、巨額な費用を要する送電網の新設ではなく、既存設備を有効に活用し運用法によって一定の余裕ができるようにする努力も必要であろう。日本は平成24（２０１２）年に再生エネの「固定価格買い取り制度」を導入したが、買い取り価格を先例のドイツなどより極端に高く設定したことが誤りだったという指摘もある。買い取り価格を極力抑える制度的工夫も不可欠と考えられている（朝日社説　平成30・1・13、読売社説　平成30・2・2）。

「太陽光発電」の制度見直し

経済産業省は、太陽光発電など再生可能エネルギーの「固定価格買い取り制度」（ＦＩＴ）を見直すことを検討している。ＦＩＴ制度は東日本大震災や、原発事故を受けて平成24（２０１２）年に導入された。再生可能エネルギー（太陽光、風力、中小規模の水力、地熱、バイオマスの5種類）で発電された電力については、各地域の電力会社があらかじめ、一定価格で買い取ることを国が定めた制度である。

電力会社の買い取り費用は、賦課金の形式で電気料金に上乗せされ、すべての利用者から徴収される。平成30（２０１８）年度は標準家庭で月額７５４円を負担している。この制度が導入された当初の平成24～26年度には、太陽光による事業用電力の買い取り価格は、1キロワット時当たり32～40円と、現在の18円を大きく上回る。海外より高く設定して普及を促したのである。

高値の時に認定を受けておけば、発電開始が何年後でも、認定時点の条件で電気を高く売ることができる。さらに、制度が発足したころは、発電パネルの価格も高かった。増産効果で安くなった海外産のパネルを待っていた事業者も多いようだ。特に買い取り価格が高かった平成24～26年度の3年間に認定された案件で、未稼働の分は、約２４００万キロワットと、この期間に認定された全容量の4割を占めている。

経産省によると、未稼働の太陽光がすべて発電を始めた場合、電力会社の買い取り額は1・3兆円も膨らむという。再生エネルギーの買い取り価格を電気料金に転嫁した額は平成30年度に2・4兆円。さらに膨らむと個人の負担増だけでなく、企業の競争力にも影響する恐れがある。こんな状況を是正するために、経済産業省は未稼働の太陽光対策を加速させることにした。

買い取り価格を今の水準に下げれば、同じ負担額で約2倍の太陽光を導入できる。このため経済界や再生エネルギーの推進派からもFIT制度見直しを求める声が出ているが、ただ、正当な理由もなく、権利を取り上げられれば、訴訟が頻発しかねないとみられており、簡単な問題ではなさそうだ。

「洋上風力の新法案」と再生エネの事情

太陽光や風力などの再生可能エネルギーによる発電が世界的に急拡大しているが、周回遅れとも言われる日本の場合、ごく最近になって「洋上風力」の発電を推進する法案が国会提出になるなど新しい動きが目立ってきた。以下その動きを見る。

〈洋上風力発電〉

沖合風力発電とも言われるように、英国やドイツでは、沖合の深い海域でも設置できる「浮体式」発電設備の技術革新に官民挙げて取り組んでいる。欧州では、既に3千基以上の洋上風力発電が稼働している。これに対し、日本で稼働するのは、わずか6基。それも国の実証試験の段階で、本格稼働に至っていない。

沖合の風力発電は、騒音の問題や景観を妨げることは少なく、陸上の風力よりも発電能力が高い潜在力を持っている。このため、政府は洋上風力発電の普及に向けて、国会に新しい法案を提出することにした。

法案の内容は、沖合の風力発電には統一のルールがないことから、政府が基本方針を策定して「促進区域」を指定する。発電できる認定期間は30年とするなどとなっている。

「促進区域」の候補としては、強い風が吹く青森、秋田、長崎3県の沖合が有力視されているようだ。

〈再生エネルギー事情〉

政府は、パリ協定を受けて2050年に温暖化ガスを80％減らす目標を閣議決定している。平成30（2018）年は、その長期戦略づくりを本格化させる年だった。2030年の電力構成やエネルギー政策のあり方などを決めた上で、2050年までのエネルギー基本計画がまとめられた。

環境省や外務省が、原子力発電や石炭火力の抑制を狙うのに対し、経済産業省が電力の安定供給を盾にして押し返すといった各省間の攻防戦が伝えられた。その一方で、まだ大きな影響力はないが、新しい動きが目立つようにもなっている。

例えば、「再生エネルギーの地産地消」の動きである。パナソニックや三井物産など7社は2月下旬に、共同で「日本サステイナブルコミュニティ協会」と呼ぶ窓口組織を設立した。ここで再生エネ発電所の開発に意欲的な市町村を募り、その地域の森林の間伐材を燃料に使えるか、燃料製造で雇用が生まれるかなどを調べる。会員企業はその後に商談に入り、バイオマスや太陽光の小型発電所の建設・運営を支援する、など。

市町村が企業と組み、再生エネを導入する動きは増えているようだ。地域の間伐材や食品ごみをエネルギーに変えて販売できれば、電気料金を地域経済で循環させることができる。

また経済産業省は、再生エネルギーの導入拡大に向けて、送電線の効率利用策の検討を始めたと伝えられる。具体的には、送電線に流せる電力の算定方法を見直したり、非常時に備え確保してある枠を平時に使えるようにすることで、電力の容量を増やす。東北電力は多額の資金を要する送電線増強の代わりに、送電線の有効利用をよく検討したところ、新送電線計画では従来計画の1・6倍の電力が送れることが判明した。

5 課題、電源構成

脱炭素への長期戦略に異論

政府は、3年ごとに見直すことになっている「エネルギー基本計画」について、検討した結果を平成30（2018）年5月、経済産業省の審議会に示した。前回の計画から4年が過ぎ、再生可能エネルギーも着実に広がっているが、素案では相変わらず原発重視のままで、外務省や環境省からも疑問の声が出ている。経産省は「大きな技術的変化があった」とは認識せず、平成26（2014）年に決めた電源構成の目標を受け継ぐとしているのである。

このため原子力発電について、「重要なベースロード電源」との位置付けを変えず、2030年時点の電源構成を20～22％のままとした。原発は30基程度を動かす計算で、これまでに再稼働した8基を大きく上回る。再稼働したとしても、運転開始から最長60年で廃炉を迎え、いずれゼロになる。2030年を超えた先も原発を活用し続けるならば、原発新増設の議論は避けられないはずだが、この計画素案では触れられていない。

また、再生エネルギーも2030年の電源構成を22～24％のままとした。これに対し外務省は非公式の省庁間折衝で、2030年時点の再生エネ比率を大幅に増加するよう経産省に要求した。IEA（国際エネルギー機関）によれば日本の再生エネ比率は、2022年には早くも20～24％に高まる可能性が大きく、2030年には40％程度に上積みが可能との見解を示している。

外務省がこのように主張する背景には、世界が「脱炭素社会」に向かっている中で、今回の計画素案の中に石炭火力を「重要なベースロード電源」と位置づけ、高い効率化を条件に輸出も推進する文言が入っていることがある。「パリ協定」をめぐる交渉で、米トランプ政権とともに日本政府が批判にさらされていることへの危機感があるようだ。

この点については、環境省も再生エネの推進に積極的で、2030年の再生エネ比率は35％に達するとの試算を公表している。以下は、経産省が今回そのまま、新しい電源構成の目標として受け継ぐとしている平成26（2014）年のベストミックスの記録である。

望ましい電源構成とコスト

経済産業省は平成27（2015）年4月28日、平成30（2018）年時点の望ましい「電源構成（ベストミックス）案」を公表した。この日、開かれた総合資源エネルギー調査会（経済産業相の諮問機関）の専門委員会で大筋了承され、翌年、最終決定された。

各電源1キロワット時当たりのコスト試算を見ると、2030年時点で、原子力はほかと違った表示で10・3円以上（5月11日経産省修正）、火力は石炭が12・9円、天然ガスが13・4円、石油が28・9〜41・6円、再生エネルギーでは、水力が11・0円、地熱が19・2円、風力が13・9〜21・9円、太陽光が事業用で12・7〜15・5円、住宅用で12・5〜16・4円となっている。

原子力については、前回2011年の試算「8・9円以上」より上がっているのは、事故リスクへの対応費用が今後多少増える可能性があるという判断による。しかし、上限こそ示してはいないが、他の電源と比べると価格は優位になっている。この点については、「原発の安全対策を強化したことにより、事故が起こる確率は半減したとみて、その分だけコストを低く見積もった」という。

しかし、原発のコストが安いのは事故の賠償などがない場合であり、ひとたび賠償問題が生じたら計算が狂ってしまうだろう。太陽光、風力などの再生可能エネルギーのコストは、固定価格買い取り制度（FIT）の費用の一部を新たに算入したほか、これまで除外されていた国による技術開発の費用もコストに盛り込まれ、前回の試算と比べると、原発の下限コストとの差が広がった。

こうしたコスト試算と温室効果ガス排出量も考慮して、2030年の電源構成を次の【図1】に、またこのうち2030年の再生エネルギー導入比率は【図2】のようにまとめた（数字は%）。

【図1：電源構成案】

再生エネルギー	22〜24
原子力	20〜22
天然ガス(火力)	27
石炭火力	26
石油火力	3

【図2：再生エネルギー導入比率】

太陽光	7.0
風力	1.7
地熱	1.0〜1.1
水力	8.8〜9.2
バイオマス	3.7〜4.6
全体	全発電量22〜24

ところで、この電源構成案にはいくつかの問題点が指摘されている。例えば、再生エネルギーの導入は、国が認定済みの建設計画が加わるだけで構成比率は20％近くになるとみられているが、この案では再生エネルギーは、多い場合でも24％までしか増やせない。２０１２年に始まった再生エネルギーの固定価格買い取り制度の下で家庭や企業が支払わなければならない賦課金は、10～20年の買い取り期間が終われば減少に転ずる。そのころには太陽光発電は燃料費不要の安い電源になりうるのではないか、という批判が出ていた。

また、原子力発電は、原則40年の運転で廃炉にすることになっており、この原則通り廃炉にしていくと、２０３０年には総発電量の15％程度になり、今回の電源構成案は実現できないことになる。そこで、原子力規制委員会の延長審査に通れば最大20年まで運転期間を延ばせるという道筋でいくのか、新増設を認めるのか、この時の案では不透明だった。

6 プラごみ対策など

廃プラスチック「脱ストロー」

プラスチックゴミの海洋汚染の深刻さが報道され、規制に向けた動きが欧州を中心に急速に進展している。ＥＵ（欧州連合）では平成30（２０１８）年初め、執行機関の欧州委員会が、２０３０年までに食品容器などを含む使い捨てのプラ包装材を全廃する方針を打ち出した。５月末には一部のプラ製品の流通禁止法案を加盟国に提示。この中には「ストローの禁止」が含まれている。中米でプラスチック製のストローがウミガメの鼻につまり、これを抜いて救出する動画が配信されたことから「不使用」の声が広がった。

微小プラごみ

「微小プラごみ」とは、紫外線や波の力などで細かく砕かれ、５ミリメートル以下になったマイクロプラスチック（ＭＰ）粒子のこと。主な発生源は、陸で捨てられたペットボトルやレジ袋であるが、洗顔料や、化粧品などに配合されている微粒子や、プラスチック素材の衣服から洗濯で流れ出る繊維も多いと言われる。

ＭＰは、海底に堆積《たいせき》している有害物質を吸着しやすい。魚介類が誤って摂食することも分かっており、食物連鎖で人間や他の生物に悪影響が出る恐れが指摘されている。毎年年頭にスイスのダボスで開かれる「世界経済フォーラム」では平成28（２０１６）年に、少なくとも年８００万トンのプラスチックが海に流出しているという推計が示された。また、海中のプラスチック量は、２０５０年までに「世界中の魚の重量を超える」という警告も出された。

平成29（２０１７）年６月のＧ７（主要７カ国）環境大臣会合では、「地球規模の脅威だ」と訴えられた。環境省の調査によると日本周辺海域では、世界平均の27倍ものＭＰが検出されている。日本のごみだけでなく、アジアのごみが海流の影響で集まっている可能性が指摘されている。

海中に漂うＭＰを回収するのは不可能に近いことから、プラスチックごみの流入を抑える対策が重要になる。海外では、身の回りのプラスチックを減らそうとする動きが見られる。ＥＵは平成26（２０１４）年、レジ袋の使用量を１人年40枚以下にする目標を打ち出し、フランスは平成28（２０１６）年、配布を禁止した。米国では平成27（２０１５）年、微粒子を配合した商品の製造を禁じる法律が成立した。

こうした海外の動きに比べると、日本では年平均で１人３００枚のレジ袋を使うとされるが、削減策は事業者と自治体任せで、問題意識も薄い。消費者の意識と関心を高めることが急務ではないか（朝日社説　平成29・８・22ほか）。

「プラごみ」対策

上記のような動きと前後して、環境省は、使い捨てのプラスチック製品のごみ「プラごみ」のリサイクルを強化することになった。日本の「プラごみ」は、平成28（２０１６）年に８９９万トンとされ、うち27％

に当たる242万トンがリサイクルされたが、半分以上は中国を中心とする海外で処理され、国内の処理能力は年80万トン程度にとどまっている。しかも主な輸出先であった中国は平成29（2017）年末に輸入をストップし、日本の「プラごみ」は行き場を失っている。このため環境省は、平成30（2018）年度に約15億円を支援し、処理施設の増強を図ることにした。

中国は資源不足解消のため、1980年代から「プラごみ」などの大量の資源ごみを世界中から輸入し、新たなプラスチック製品や化学繊維の原料にして再生利用してきた。石油から新製品を作るよりも、コストがはるかに安いためである。

しかし、有害物質の混ざった「プラごみ」も含まれ、中国国内の排水処理や環境汚染が深刻化した。こうしたことから中国は、レジ袋やペットボトルなど日常生活で使われた「プラごみ」の輸入を止めたのである。

「プラごみ」を単に焼却処理する方法もあるが、日本は今でも「プラごみ」の7割近くを燃やしている。

プラスチックは焼却時に高温になるため、焼却炉を傷める恐れがある。さらに燃焼に伴って二酸化炭素が排出され、地球温暖化に影響するため、これ以上の焼却は避けたい。結局、「プラごみ」の発生量を減らすか、リサイクル設備を増やすかしなければならない。

同じ「プラごみ」で、もう一つ大きな問題になっているのは、「マイクロプラスチック」による深刻な海洋汚染である。「マイクロプラスチック」とは、ビニール袋やペットボトルなどのプラスチック製品が紫外線や熱、波によって砕けてできた大きさ5ミリメートル以下の粒で、洗顔料などにも含まれ、年間800万トンも海域に流れ込む。

国際的な規制の動きも出ており、平成30（2018）年6月上旬にカナダで開かれたシャルルボア・サミットでも、2030年までにプラスチック代替品への切り替えなどをうたう「海洋プラスチック憲章」がまとめられた。また、日本は大阪で2019年6月に開催される主要20カ国・地域（G20）首脳会議で「プラごみ」対策を主要議題とする方針だという（日経社説平成30・6・20ほか）。

増える「電子機器のごみ」

国連大学などがまとめたところによると、世界で平成28（2016）年に発生した電気電子機器の廃棄物（E-waste）は4470万トンで、前回の調査から2年間のあいだに8％増えた。調査報告書は「今後も増加すると予想され、回収やリサイクルの法整備が不十分な国に対し、取り組みが必要だ」と指摘している。

種類別でみると、

＊小型家電（電子レンジ・掃除機など）↓1680万トン
＊大型家電（洗濯機・食洗機など）↓920万トン
＊熱交換機器（冷蔵庫・エアコンなど）↓760万トン

以上が全体の75％を占め、今後も増加する見込みだ。これに対し、テレビやノートパソコンなどは660万トンだったが、薄型ディスプレーなどへの切り替えが進み、こちらはしばらく減少する見通しだという。

電子ごみには金、銀、銅、パラジウムなどの金属が含まれ、「都市鉱山」とも言われている。平成28（2016）年の回収可能な資源価値は550億ドル（約6兆2千億円）以上とされている。しかし、法整備がされていない国も多く、回収や再利用は20％にとどまり、全体の8割近い3410万トンは「末路が不明」だという。日本の排出量は210万トンで26％に当たる55万トンが回収されたそうだが、回収率はアジアよりも欧州の方が高いようだ。

7 環境問題に関わる新語から

SDGs

「SDGs」＝Sustainable Development Goals（持続可能な開発目標）。平成27（2015）年9月の国連総会で採択された。途上国の教育問題のみならず、地球環境や都市、雇用、格差問題の解決など、先進国にも関係する広範で野心的な目標のこと。経済同友会は7

月のセミナーで、「SDGsに象徴されるグローバルな社会問題を、事業を通じて解決するために」との文言を盛り込んだアピールを採択した。同友会の小林喜光代表幹事（当時）は「SDGsのあり方を考える委員会を同友会に設置した。きちんと取り組むと事業収益も増える『正の相関関係』にある」と述べている。

ダイベストメント

地球温暖化の原因になる石炭などへの投資をやめる「ダイベストメント（投資撤退）」が拡大している。地球や地域に好ましくない事業からお金を移し、社会や世界を変えようという運動。表明した都市や企業の運用資産は6兆ドル（約650兆円）を超えた。日本でも、原発や石炭に資金を貸し出している銀行から預金を移す動きが始まった。「ダイベストメント」は「インベストメント」（投資）の逆。金融資産は引き揚げ、事業をストップさせる。

ESG投資

「E」は環境（Environment）、「S」は社会（Social）、「G」は企業統治（Governance）の頭文字をとった「ESG投資」は、企業が業務のみならず、環境や社会問題、企業統治にどれだけ熱心に取り組んでいるかを考慮する投資のこと。平成18（2006）年に国連が呼びかけて始まった。運用額は2500兆円と世界の投資の4分の1を占める。日本ではあまり関心がなかったが、欧米では巨大企業などへの監視の目が強まり、不買運動に発展するケースもある（公式サイト：NHK「クローズアップ現代＋」平成29・9・27放送、野村證券）。

全固体電池

環境対策として、欧米を中心にガソリン車から電気自動車（EV）への移行の動きが強まっており、現在のリチウムイオン電池に続く次世代電源として、「全固体電池」の実用化に向けた技術開発が進んでいる。東工大とトヨタ自動車、物質・材料研究機構、大阪府立大などが開発を競う。液体電解質のリチウム電池と違って、全固体電池は「燃えにくい・漏れない」などの安全性に優れたメリットがあり、充電時間も早い。2020年代前半の実用化を目指している。

気候変動適応法

この法律は地球温暖化による自然災害や農作物の生育不良などを減らすことを目的としたもので、法案は平成30年2月20日に閣議決定。国会審議を経て12月1日に施行された。日本では年平均気温が100年で約1・2度上がっている。温室効果ガスそのものを減らすための推進法は既にあるが、この法律は今後も続くと見られる災害などに「適応」して対策を進めようとするもの。法案によれば、5年ごとにさまざまな温暖化の悪影響を環境相が評価して、適応計画を改定していく。「気候変動適応センター」を各地に置く。

第10章

「インバウンド」増加・働く外国人受け入れ

1 増える「インバウンド」と消費

訪日客急増

もともとは「入ってくる、内向きの」を意味する英語の「インバウンド」が外国人旅行者を自国に誘致することを意味するようになり、海外から日本へ来る観光客を指す言葉として普及するようになった。その「インバウンド」は、ここ数年、急速に増えてきた。

過去の推移を見ると、平成24（2012）年までは1千万人に届かず、ほぼ横ばいだった。その後、中国の経済が躍進したのに加え、日本政府が中国その他アジア諸国を中心にビザの発給要件を緩和したこと、羽田空港の国際線の発着回数を増やしたこと、世界的に新興国からの旅行者が増加していること、さらにLCC（格安航空会社）の普及などから、訪日観光客が一気に増大するようになったのである。「インバウンド」の数は、平成25（2013）年に1千万人に達し、平成28（2016）年には2千万人を超えた。さらに、平成29（2017）年には2869万人となった。東京五輪のある2020年に4千万人の観光客を受け入れるという政府の目標も、夢物語ではなさそうに見えた。

平成30（2018）年は1～9月で2346万人にとどまり、中でも9月の訪日客は前年同期に比べてマイナス5・3％と減少したのである。ちなみにこの年は「災害は忘れたころにやって来る」のではなく「忘れないでやって来る」と言われた。特に9月は、台風21号が阪神を直撃し、関西国際空港を一時水没させた。また北海道の胆振《いぶり》東部では震度7の大地震に見舞われ、大停電を起こした。しかしながら、同年末に発表された日本政府観光局の資料によれば、この年の訪日観光客数は史上初めて3千万人を超えることになった。

インバウンドの消費

インバウンドの内訳を見ると、平成27（2015）年以降は中国が最も多く、以下韓国、台湾、香港、米国の順になっているが、海外からの訪問客の特徴は、国内旅行に比べて滞在期間が長いこともあり、1人当たりの消費額が大きいことである。平成25（2013）年ころの調査では1人当たり約11万円と、国内観光客の2倍以上の支出となっている。

国土交通省の試算によると、訪日客11人分の消費額が日本在住者の1人分に相当するという。したがって訪日客が平成25（2013）年から2020年までに1千万人増加すると、その11分の1に当たる90万人の定住人口分の消費を生む計算になる。2020年までの同じ期間に日本の人口は、320万人減ると予測されているので、その3割分の消費を補うことが見込めるとも言える。

確かに日本の家計調査では、1人当たりの消費額は年間110万円程度なので、こうした試算ができるのかもしれないが、外国人客が目標通り増加し、その消費支出もこの水準が維持できるのかなど、今の段階でははっきりしない点も多い。ただ、外国人客が国内の消費をいくらかでも下支えしていることは確かであり、今後の人口減少による個人消費の落ち込みをいくらかでも補うことは期待できる。

問題は期待どおりに来日客が増えるかどうかだが、各国の人口に対する外国人旅客の比率を見ると、フランスは130％、イタリア80％、英国49％、韓国でも24％なのに、日本はこれまでは8％程度に過ぎなかった。このため、日本の魅力を高めれば、まだまだ外国人客の受け入れは可能であるという見方もある。なお政府は、訪日外国人を増やす対策として、平成26（2014）年10月から、外国人客の消費税が免除となる対象品目を拡大した。

2 「爆買い」一服

「爆買い」に新語大賞

平成27（2015）年の「新語・流行語大賞」の年間大賞に「爆買い」が野球の「トリプルスリー」と共

に選ばれた。中国人観光客が買い物スポットに大挙して押し寄せ、商品を大量に買い込む行為を指す言葉で、平成20（2008）年ころから使われ始め、この年の春節（旧正月）で再度盛り上がったと言われる。しかし経済現象から見ると、中国からの観光客による爆買いはその後、一服した。

平成28（2016）年春、中国は海外からの土産品の関税を引き上げた。このため中国では、それまで日本国内で爆買いしていた商品をインターネットで海外から購入するようになった模様で、その結果、中国人客の「爆買い」が失速したのである。さらに、一時的に円高が進んで土産品も割高になったことが消費額に影響し、中国からの旅行者の消費額は、平成27（2015）年より2千億円ほど減少したと試算されている。それでも旅行客の4分の1強を占める中国からの訪日客数（2016年は637万人）の伸びは、今のところ堅調だ。

1人当たりの支出は、15万3921円と、1・3％の減少となった。ただ、中国、韓国、台湾、香港の上位4カ国・地域が全体の7割を占め、これらの個人客が消費の総額を増やしている。

平成29（2017）年の「インバウンド」は、本章の冒頭の項目に示したように、2869万人で、前年比19・3％増加し、過去最高を更新した。これに伴い、年間の消費額も増え、平成29（2017）年の訪日客の年間消費額は、前年より18％多い4兆4161億円になった。

政府は2020年に、「訪日観光客」を4千万人、消費額8兆円の目標を掲げている。日本では、平成29（2017）年の消費額は買い物の割合が37％あるが、欧米では多く見られる娯楽サービスはわずか3％にとどまっている。このため、伝統文化や各種体験を楽しむ「コト消費」の開拓が必要だと言われている。具体的には、音楽公演やスポーツ観戦のチケットを買いやすくする、また、演劇などの鑑賞に多言語の翻訳字幕を電子端末で表示するといった工夫を求める声が出ている。日本列島の多種多様な自然環境や伝統文化の魅力を世界により多く発信することや、旅行客の利便性をより高めることなど、観光立国への一層の取り組みが必要だ。

3　民泊利用と法規制

住宅宿泊事業法

訪日観光客の増加に伴って、一般の民家に観光客を有料で泊める民泊のルールが定められた。平成29（２０１７）年の通常国会で成立した「住宅宿泊事業法」（民泊新法）がそれで、平成30（２０１８）年6月15日に施行された。

また、国家戦略特区による民泊の制度が平成28（２０１６）年1月から東京都大田区や大阪府などで始まっている。本格的な解禁を前にして観光庁は、平成29（２０１７）年7～9月に初めて民泊利用の調査を行った。これによると、訪日観光客の14・9％が利用していることが判明した。民泊利用が多いのは20代以下の観光客で、その割合は60％を超える。しかも、ＬＣＣの利用者が40％弱を占め、民泊を使わない人より比率が高い。平均滞在日数は、7・6泊で、民泊を利用しない人より滞在が長い。国別の観光客の民泊利用率は、シンガポールが39・5％で最も高く、フランス、インドネシア、オーストラリア、カナダが27～35％台で続く。訪日客が多い韓国や中国は14～15％にとどまった。

これまで民泊は旅館業法で許可をもらうか、国家戦略特区に入っていないと営業できなかったが、平成30（２０１８）年2月現在で全国に6万件以上の民泊があったのは、そのほとんどが違法な「ヤミ民泊」だったということになる。「ヤミ民泊」の多くは無人で営業しており、インターネットの仲介サイトで予約さえ取れば、ポストの中にある鍵を取り出すなどして、誰にも会わずに出入りできる。防犯カメラも宿泊者名簿もない場合がほとんどだ。このため安全や防犯の問題が起こったほか、近くの住民から騒音やごみの問題で苦情が出た。

「民泊新法」のルール

民泊新法とも呼ばれるこの新しい法律に基づく登録・届け出は、平成30（2018）年3月15日に始まった。以下はそのルールである。

①都道府県などに届け出て認められると、年間180日まで、自宅やマンションの空き部屋などに有料で客を泊めることができる。

②宿泊者名簿備え付け、本人確認、外国語による施設の利用方法説明を義務付ける。

民泊物件は全国に数万件と見られていたが、正規の民泊物件としての届け出は施行日の時点で3728件しかなかった。大手民泊仲介会社は施行日の1週間前、届け出のない物件の宿泊予約を大量に取り消し、旅行者が混乱した。しかしこんな状態で、2020年の訪日客4千万人の目標を達成できるのだろうか？

4 観光立国への課題

違法ガイド

平成27（2015）年8月半ば、筆者はオーストリアの国内をバスで観光するツアーに参加したが、首都ウィーンと、モーツァルト生誕の地で音楽祭でも知られるザルツブルクでは、観光案内の資格を持った人しか案内できない規制があると言う。オーストリアの歴史・文化などが誤って伝えられないように、という理由から出て来た規制だと聞いた。

私ども日本人だけのバスは、日本から同行してくれた添乗員が、それまで分かりやすい旅行の手続きや観光案内をしてくれていたが、ウィーンとザルツブルクだけは、現地に住む資格を持った日本人がバスに乗り込み、案内役を務めてくれた。現地の文化や歴史にも精通したガイドであったが、それにしても、このような規制がきちんと守られているものだと、印象深く感じた。

帰国後、日本では「違法ガイド」が問題になっていることを知った。協同組合全日本通訳案内士連盟常務理事の黒崎豊子が「違法ガイド　観光立国に障害」（読売「論点」8・26）に書いていた内容を、以下に簡単に紹介する。

海外からの観光客を日本国内で、有料で案内をする場合は、通訳ガイド（通訳案内士）の国家資格が必要である。しかし、資格を持たない「違法ガイド」は中国国内から同行してくる場合が多く、「日本の文化を伝える」という意識はほとんどないどころか、日本について誤った知識を伝えることすらある。

「違法ガイド」の主な収入源は、観光客の買い物額に応じて支払われる店側からの報酬だ。中には法外な価格の品をだますようにして無理やり買わせたり、まったく効果のない健康食品を押しつけたりする場合もある。

中国人観光客を対象にした「違法ガイド」の横行については平成27（2015）年7月、太田国土交通相（当時）が実態を把握したうえで改善に乗り出す考えを示し、「日本の信頼や印象形成にも悪影響を及ぼしかねない」と指摘した。訪日観光客の中核とも言える中国人観光客が「違法ガイド」によって「日本でひどい目に遭った」という悪印象を持つことは、観光立国にとって少なからぬマイナスだ。

地震の教訓

平成30（2018）年6月18日朝の通勤時間帯に、大阪北部を震源とする最大震度6弱の直下型地震が起きた。地震の規模から言えばそれほど大きくはなかったが、ブロック塀の崩壊による人身事故があったなど、地震国に住む者としては気が抜けない思いをさせられた。

また、観光立国の重要な課題として取り上げられている事柄が二つあった。一つは、外国人観光客に災害情報が届かず、戸惑う姿が多く見られたことである。

大阪府は地震発生後にホームページのトップに英語のメッセージを表示し、6月18日夕方からは英語による

24時間の電話相談窓口を開いた。しかし、日本に居住する外国人からの相談が大半で、旅行客の中には、電車の運行状況などに英語や中国語の情報は見付けられず、情報を求めてたどり着いた駅の窓口は長蛇の列だった、という例も見られた。

都市防災の専門家は、「災害時に情報過疎に陥りやすい外国人、なかでも観光客向けに情報を伝える有効策として、交流サイト（SNS）や、外国人の利用が多いホームページを、国や複数の自治体が連携する形で活用するなどの工夫が求められる」と指摘する。

もう一つは「ヘイトデマ」である。大阪府北部を震源とする地震の発生後、フェイスブックやツイッターなど会員同士で交流できるSNSを通じてさまざまなデマがネット上を飛び交った。「○○電車が脱線」といった偽情報は、当の事業者が否定するなどして鎮まったが、在日コリアンなど特定の民族をあげて「犯罪に走るから気を付けよ」とか、地震による重要文化財の破損について「外国人の可能性も」と記す、等々だ。

ネットの匿名性を隠れみのに、根拠のない「ヘイトデマ」が広がった。平成28（2016）年、熊本地震の後、「ヘイトスピーチ対策法」が施行されたが罰則がなく、今回の歯止めにはならなかった。

こうしたデマは大正12（1923）年の関東大震災のときも虐殺事件を起こしている。過去に学び、「ヘイトデマ」は許さないという認識を共有する必要がある。

5 「働くヒト」への開国

与野党対決の姿勢

平成30（2018）年6月5日の経済財政諮問会議で安倍首相は、外国人労働者の受け入れを拡大すると表明した。

この日の会議で首相は「地方の中小、小規模事業者の人手不足が深刻になっている」と力説した。ただ、移民政策とは異なると説明し、「一定の専門性・技能を持つ即戦力の外国人材を幅広く受け入れていく仕組みを早急に模索する」と訴え、菅官房長官と上川法相（当時）に制度設計に向けた調整を指示した。

構造的な労働力不足を補い、日本が成長する基盤を維持するため、外国人労働者が就労するための新たな在留資格を創設しようとするものである。同時に原則認めていなかった単純労働への外国人の就労に門戸を開くことになり、政策の転換となる。

外国人材拡大法

平成30（２０１８）年末の臨時国会は、外国人労働者の受け入れを拡大しようとする政府提案の「出入国管理・難民認定法」（いわゆる外国人材拡大法）の改正案をめぐって、与野党が対立した。結局、12月8日未明、参院本会議で与党などの賛成多数で可決、成立し、平成31（２０１９）年4月1日施行となった。

しかしこの法律は、外国人労働者の受け入れを拡大するということで、人手不足に悩む各業界から待望される一方で、移民政策を推進するものではないかという野党の反対があり、法律の成立を急いだため、細かい点、特に国内労働者の雇用への悪影響とか、外国人を日本の社会に溶け込ませる社会統合の政策などがどうなるのかなど今後に課題を残している。

法改正のポイントとなる点は、次の通り。（1）単純労働を含む業種に、外国人を受け入れる在留資格「特定技能1号」と「特定技能2号」を創設する。（2）今「技能実習生」として働きながら技術を習得しようとしている外国人は3年の経験があれば、無試験でこの「1号」を取得可能。家族帯同は認められない。在留期間は通算5年。「技能実習生」以外は日常会話程度の日本語の試験と、相当程度の技能試験に合格しなければならない。（3）熟練した技能が必要な「2号」は、より高い水準の試験に合格する必要がある。ここまで来ると、家族帯同が可能になり、在留も更新制となる。（4）法施行から2年後に、自治体などの意見を踏まえて、制度を見直す。（5）法務省入国管理局を外局に格上げし、「出入国在留管理庁」を設置する。

政府の計画では、19年度から5年間で、介護、外食、ビルクリーニング、飲食料品製造業、農業など、14業種合わせて最大34万5千人の受け入れを見込んでいる。

これまで失踪した実習生の聞き取りからは、低賃金でいつでも切り捨てられる「労働力」として働かされている実態が浮き彫りにされたりしているが、改善する仕組みはまだはっきりしていない。また、政府が「移民政策は取らない」と強調しても、外国人労働者と暮らす期間が長くなれば、共生する場合の問題もじっくり考えなければならない時が来るとみられている。外国人労働者と長く一緒に働くためには、まだいろいろの問題が残されているようだ（主要各紙　平成30・8・9）。

なお、IMF（国際通貨基金）は、2018年11月28日、日本経済の年次審査報告を発表したが、この中で、急速な少子高齢化による人口減少で、実質GDP（国内総生産）が2057年までに約25％減少する恐れがあると指摘した。労働力不足を補うために外国人労働者の受け入れが選択肢になると提案している（読売　平成30・11・29）。

外国人純流入、最多に

日本の総人口（外国人を含む）は、平成29（2017）年10月1日時点の推計で1億2670万6千人となり、前年よりも22万7千人減少した。人口減少は7年連続となる。また、1年間の出生数から死亡者数を差し引いた人口の自然増減は37万7千人の減少だった。この自然減少は11年連続で、統計を始めた昭和25（1950）年以降で最多となった。

これに対し、外国人は249万人余りが国外へ流出する一方で、264万人弱が国外から流入しており、差し引き純流入は14万7千人と5年連続で増え、増加幅は平成29（2017）年より広がった。これで国内の外国人人口は、205万8千人となり、初めて200万人を上回り、総人口に占める割合も1・6％を超えた。

労働市場では、外国人は既に欠かせない存在になっており、優れた手腕を持つ経営者や専門性の高い業績や技術を持つ、いわゆる「高度外国人材」と外国人技能実習生などの流入が拡大している。それでも少子化で人材確保が難しくなっており、政府は、外国人の受け入れを増やす対策を進めようとしている。

例えば、技能実習生については、現行制度では5年間の実習期間が過ぎると帰国する必要があるが、そこで技能試験に合格するなど一定の条件を満たせば再び来日し、さらに5年間働ける資格を平成31年にも新設することが考えられている。

一方、厚生労働省によると上記の時点とほぼ同じ、平成29（２０１７）年10月末現在で、外国人労働者は１２７万８６７０人だった。前年同期より18％増加し、企業の届け出を義務化した平成19（２００７）年以降で最大となった。増加が目立つのは、製造業で働く技能実習生や、サービス業で働く留学生などで、人手不足が深刻になった職場を外国人労働者で補う構図になっている。

外国人労働者はこの5年間で約60万人増えており、日本の雇用者総数の約２％を占めるようになった。また、外国人を雇う事業所も前年同期より12・６％増えて19万４５９５カ所と過去最多になっている。

外国人労働者を国籍別に見ると、中国が29・１％を占め、ベトナムの18・８％、フィリピンの11・５％と続く。伸び率ではベトナムが最も高く、前年同期に比べて４割増えた。外国人を活用したいという企業も増えているが、実習生の数や年数には限度がある。外国人の長時間労働といった課題も山積している。

6 ドイツの経験に学ぶ

ドイツ移民受け入れの経験

人口減少に伴う働き手不足の対策として、外国人労働者を受け入れたいが、そのまま定住されるのは困るという議論が、かつてドイツでも行われていた時期がある。

ドイツは第二次大戦後の復興を担ってもらうため

1950年代以降、トルコや東欧・南欧などの外国人労働者を受け入れていた。これらの労働者は一時滞在の労働者で、「3年間」などの期限が来たら本国に帰ることが想定されていたが、実際には、半数は本国に帰っても、残りの半数は留まるという状態であった。

1970年代には外国人労働者の受け入れが中止された。しかし、ドイツの方が労働環境の安全性が高く、収入も多かったため、外国から来ている労働者はむしろ、本国から家族を呼び寄せようとする人が増えた。

1980年代後半、保守系コール政権で女性や若者を担当する閣僚を務め、さらに連邦議会議長にも選ばれ、10年間携わっていたリタ・ジュスムートに「移民政策　ドイツの経験を聞く」インタビュー記事が朝日新聞のオピニオン欄に掲載された（平成26・7・17）。その要約を中心に、ドイツが移民国家に変身した経験を探ってみよう。

担当の閣僚となって分かったのは「貧困や差別などの問題を抱える女性や若者の多くがドイツに長く暮らす外国人だった」こと。こうした人々は「ドイツ語が十分に話せない。教育水準は低い。ほかの人と同じ権利や機会を持つ人間とはみなされていない」状態だった。つまり「移民はいない」という建前と、彼らを取り巻く現実との間に深刻な矛盾が生じていたのである。

平成2（1990）年ごろには、情報通信などでハイレベルな技術を持っている人材が足りない、と経済界から悲鳴が上がった。また、冷戦後、頻発した旧ユーゴスラヴィアなどでの地域紛争で難民申請が増加したことから、「ドイツはいかに国を開くかという切実な問いを突きつけられた」。

外国出身者がドイツ社会に溶け込めるよう促す政策は「統合政策」と呼ばれている。ただし、ドイツの価値観を一方的に押しつけるのではなく、外国出身者の固有の文化を尊重することも「ドイツの基本的な価値観だ」とされている。

平成12（2000）年、社会民主党のシュレーダー政権はジュスムートを委員長とする独立委員会を設置し、翌年この委員会が移民の受け入れ拡大と「統合政策」を提言した。この提言を受けて移民法案が連邦議会で可決されたが、連邦参議院では中道左派と保守系野党との協議による妥協・修正に時間がかかり、移民法が成立して施行されたのは、平成17（2005）年であった。

このとき大きな力になったのは、この年に左右大連立で誕生したメルケル政権である。メルケル首相の属するCDU（キリスト教民主同盟）は移民国家に反対していたが、メルケル首相は経済成長の切り札として経済界から要望の強かった移民政策を受け入れ、ドイツは移民国家ではないという「先入観を変えよう」と宣言した。

ドイツにとって移民国家への転換は、外国人を「リスクやコストと考える文化」から、「ドイツに貢献する歓迎すべき人々と考える文化」への転換だった。ジュスムートはインタビューの最後で、このように述べている。

こうしてドイツは移民国家となり、平成26（2014）年5月、OECD（経済協力開発機構）が発表したところによると、ドイツはOECD加盟国の中で平成24（2012）年に永住型の移民が38％増えて40万人に達し、毎年約100万人の移民を受け入れている米国に次いで、2番目の移住先となっている。ちなみにドイツに住む外国人は、ほぼ700万人で全人口の約9％となっており、日本は1％台半ばにとどまる。

日本が今後減少する働き手を確保するためにどうするのか。ドイツの経験も参考にしながら、真剣に考えなければならない時期に来ている。日本の事情についてジュスムートは、「ほぼ日本人だけでやってきた歴史が長いので、移民受け入れに消極的なのは理解できるが、今の出生率を考えれば待ったなしだ。外国人に日本語を学んでもらい、生活習慣を受け入れてもらうのも大事だが、彼らの価値観を尊重する姿勢を見せなければ、もはや望んで日本に来てくれなくなるだろう」と厳しく指摘している。

第11章

目立たない地域創生

1 「負動産」の時代

地価下落と空き家

領土の狭いわが国では、不動産をしっかり保持していれば大丈夫という「土地神話」が長年あったが、平成の時代に入ってバブルが崩壊し、地価も値下がりして、不動産が「負動産」とも言われるまでになった。ただ、日本銀行による異次元の金融緩和や、平成28（2016）年2月からのマイナス金利政策が取られてからは、銀行の不動産融資が伸びてきた。

国土交通省によると、平成25（2013）年まで前年比マイナスだった3大都市圏の商業地の地価が翌年は1・6％上昇した。地価の上昇はその後、地方の大都市へも広がっているが、マイナスの地価が続いているところも見られる。相続税対策などもあり、地方によって、貸家建設が大きく増えた例も見られたが、東京都心では高層マンションを筆頭にマンションの在庫が増え始め、平成27（2015）年末以降は価格も下がってきた。人口減少が続く中で、2020年の東京五輪まで不動産景気が続くかどうか、不透明な状況だという。

不動産の問題としては、人が住まない空き家が増加する現象が続いている。国土交通省の統計で見ると、平成25（2013）年の空き家総数は820万戸で、住宅全体（6060万戸）の13・5％を占めている。20年前の平成5（1993）年には空き家は448万戸だったので、平成25年までの20年間でほぼ倍増したことになる。

空き家は東京・大阪・名古屋の3大都市圏では全体の12・7％で、このうち関東大都市圏では11・4％になるが、3大都市圏以外になると14・9％に増える。空き家が増えると防災性が低下し、火災が起きやすくなりがちだ。また防犯性も低下し、犯罪の誘発も懸念される。その他、ゴミの不法投棄、衛生問題・悪臭の発生、景観の悪化など、困った事態が多発しそうだ。

2 地方創生の政策

目指した「地方創生」

地方の人口減少を食い止め、活性化を図ろうと、「まち・ひと・しごと創生本部」が平成26（2014）年9月3日、第二次安倍改造内閣の発足にあわせてスタートした。地方の人口減少克服と地方活性化を図る「地方創生」に取り組む目的で設置された。

本部長は安倍晋三首相で、菅義偉官房長官と石破茂地方創生担当大臣（当時）の二人が副本部長を務めてスタートした。また、全閣僚がこの創生本部のメンバーとなり、従来の縦割り行政を打破して、「地方再生」に全閣僚で取り組むことを目指した。創生本部は地方の創生に当たる司令塔として位置づけられている。「まち・ひと・しごと創生本部」は、首相官邸で早速初会合を開き、メンバーの全閣僚が出席して、ほぼ50年先の2060年時点で1億人程度の人口を維持するため、東京一極集中を是正し、地方での若者の雇用確保、子育て支援の環境づくり、その他の課題解決などの基本方針を確認した。また、安倍首相（本部長）はあいさつで、「地方の意見を聞きながら、従来とは次元の違う大胆な政策をまとめる」と強調した。

創生本部はこのあと、国会に「まち・ひと・しごと創生本部」の理念や、どのようにして創生させるのかを盛り込んだ地方創生法案をまとめて提出している。

また、2020年までに取り組む地域活性化5カ年計画の「総合戦略」と、2060年までの人口1億人維持の「長期ビジョン」を決定した。

それにしても、地方から始まっている人口の減少を食い止めるのは、そう容易ではない。平成26（2014）年前後にも、さまざまな形で人口減少が波及していた。例えば厚生労働省の平成25（2013）年の人口動態の確定数によると、出生数が前年より、7415人少ない102万9816人となり、3年連続の減少で、当時の過去最少を記録している。15〜49歳の女性人口が2591万4千人と、前年比で0・

8%減少したためと見られている。

また、少子化に伴って大学志願者が伸び悩み、浪人生の減少から、かつてトップクラスの人気を誇った大手予備校が平成27（2015）年度から、全国27カ所の校舎を大都会の7カ所に縮小するというニュースもあった。

その他平成26（2014）年秋は、新米の価格が前年よりも1割以上安いと言われており、その背景には、人口減と高齢化で「コメを食べる量も人も減っていく時代」だという指摘もある。それ以降も、人口減少による影響は次々に現れている。

こうした人口減少の中で「地方都市は生き残れるのか」という疑問に対し、農村政策論が専門の小田切徳美明治大学教授は、「平成23（2011）年の東日本大震災以降、顕著になった『田園回帰』の動き」に注目したうえで、次のように述べている（朝日「オピニオン」平成26・8・20）。

「田園回帰」というのは地方へのUターンのことで、「NPO法人『ふるさと回帰センター』の移住相談件数をみると、平成20（2008）年の約2900件が、平成25（2013）年は約1万1千件で、3・8倍」に増えており、しかもその「過半数が40歳以下で約7倍」に増大している。過疎という言葉は「ちょうど50年前、中国地方の島根県から生まれた」と言われている。それだけに島根県は早期から過疎と向き合い、Uターンの受け入れにも熱心だったので、小田切教授は中国地方を「解体と再生のフロンティア」と位置付けている。

相談者がすべて移住するとは限らないが、島根県への移住者は平成25年度までの2年間に1・9倍の962人に増えた。このように島根県を筆頭に、「日本創成会議」から「消滅可能性都市」と判断された自治体をも含めて「転入超過、すなわち人口の『社会増』」が起きている。

今後の課題としては、転居先の地方に「仕事があるのか」といった課題もあるが、これについて同教授は、「大きな工場を誘致するのは現実的ではない」としながらも、「IT企業のオフィスを呼び込んだ徳島県神山町のように、必ずしも大都市にオフィスを構えなくてもいい業種は意外とある」と語り、特産品の海・畜産物のブランド化や、エネルギーの地産地消化を勧めている。ただし、その時点でこのような「田園回帰」が今後、どこまで広がりを持つかは予測がつかないという。

まち・ひと・しごと創生法

大都市と地方との格差が大きな焦点の一つだが、「大学進学率」は、この20年間で格差が2倍に広がった。こんなに格差が広がった例は、そう多くはないだろう。

この調査は、朝日紙が平成26（2014）年春の文部科学省の学校基本調査（速報値）から、4年制大学に進んだ高卒生の割合を都道府県別に算出したもの。これによると全国で大学に進学したのは、浪人を含む59万3596人（帰国子女など除く）で、同年春の高卒生110万1543人に占める割合は53・9％となっている。このようにして算出された大学進学率は20年前に比べて全都道府県で上昇し、全国平均では20年前の32・8％から21・1ポイント伸びた。

その一方で、都道府県別で最上位の東京の進学率は72・5％、最低は鹿児島の32・1％で、その差は40・4ポイントもある。そこから20年前の平成6（1994）年の都道府県別格差は最大で19・4ポイントだったので、地域差は2倍に広がったことになる。

なぜ大学進学率の地域差が広がったのか。一つは大学が東京、大阪、愛知、京都、神奈川などの大都市圏に集中していることにあり、地方から進学させるには家計負担が重いこと、また県民所得の低い地域で進学率が伸び悩んでいることが指摘されている。

このような地方の経済格差を是正し、人口減少に歯止めをかけ、東京への過度の人口集中を改めるのも、「まち・ひと・しごと創生本部」の役割と期待されている。

政府は国会に、人口減対策の基本理念を定める「まち・ひと・しごと創生法案」を提出し、成立させている。創生法に掲げる基本理念には「結婚や子育てに希望を持つことができる社会をつくり、地域の特性を生かした企業の支援などで魅力ある就業機会を創出する」としており、安倍首相は「限られた財源の中で効果の高い政策を集中的に実施する」と述べている。

「まち・ひと・しごと創生本部」は、この年の11月、有識者会議で地域活性化の長期ビジョンと今後2020年まで5年間の工程表となる「総合戦略」の骨子案を示した。この中で、人口減少をくい止めるため、1人の女性が生涯に産む子どもの平均的な数（合計特殊出生率）を平成25（2013）年の1・43から1・8程度まで引き上げることを目指すとした。この1・8という数値は、人口を維持するのに必要な水準とされる2・07には及ばない。しかし、OECD（経済協力開発機構）加盟国の半数以上が実現しているとして、「日本がまず目指すべき水準」と位置付け、これを実現した上で50年後に総人口1億人を確保しようとしているのである。

創生本部長を務める安倍首相は会議で「今後は取り組みを具体化する段階に入る。各省の省益を排除し、必ず実行するとの決意を持つ」よう関係閣僚に指示した。

地方拠点強化税制の創設

地方拠点を強化するための方策として、企業がその本社機能などを東京圏から地方に移転する方法がある。そこで政府は、そうした企業を税制面から支援することにし、平成27（2015）年度の「与党税制改正大綱」に織り込んだ。「一つは、地方にその本社などを移して拡充する場合、その建物に係る投資減税を創設する、また、雇用の増加に対する税額控除制度（雇用促進税制）の特例を設ける」という2本立ての減税策である。

具体的には、最も大きな減税が受けられる例であるが、東京23区の本社機能を地方に移転した場合、建物等への投資額の7％が法人税から差し引かれる。また、従業員の転勤や新規採用により、地方で働く人が増えれば1人につき80万円を法人税から控除するといった仕組みである。

東京の23区以外から地方へ移った場合は、投資額の4%、雇用増加1人につき50万円が法人税から差し引かれる。また、23区の内外を問わず、地方移転に伴う投資額を法人税から差し引く代わりに、何パーセントかを前倒しで償却することも可能となっている。

税制面の支援だけでなく、人口減少と東京一極集中を改め、地域の持続的な活性化を目指す「地域創生交付金」も設けられた。このころは、平成26（2014）年4月の消費増税以降、消費税率引き上げ前の駆け込み需要の反動で消費が低迷していた。このため、緊急経済対策として編成された2014年度補正予算の目玉として、初めて総額4200億円の「地域創生交付金」が組み込まれたのであった。

自治体向けの交付金は2種類ある。一つは、低迷してきた消費を活性化しようとする「地域消費喚起・生活支援型」の2483億円で、もう一つが「地方創生先行型」の1344億円で、いずれも地方創生の初の財政支援である。

前者の64%は、「プレミアム付き商品券」で占められていた。例えば1万円で販売し、1万2千円分の買い物ができるといったものである。ただしこれまでの例では、商品券の経済効果は一時的で、中長期的な持続性に問題があると言われて来た。このため、統一地方選挙直前の配分決定に「選挙向けのバラマキだ」という批判も出た。

もう一つの「地方創生先行型」の方は、過疎地の自治会が運営するスーパーを支援する（秋田県）、不妊治療休暇を導入する中小企業に奨励金を出す（三重県津市）、豊後高田市など3市1村が特産品PRの共同店舗を福岡市に開く（大分県）などの例がある。こちらは、各自治体が実情を踏まえて知恵を絞っているとみられ、それを国が支援するというものだ。

3 ふるさと納税

人気高まる「ふるさと納税」

生まれ故郷や応援したい自治体に寄付すると、税負担が軽くなる「ふるさと納税」に関心が高まり、利用者が増えてきた。そこで政府はこの仕組みを使いやすくして、より魅力のあるものにし、「地方創生」の柱の一つにしようとしている。

現在の「ふるさと納税」の仕組みでは、寄付する対象はどの自治体でもよい。寄付金のうち、2000円を超す分について、住んでいる自治体に納める住民税や国に納める所得税が控除される。ただし控除が受けられる寄付額には上限が設けられている（例：年収500万円の独身者の場合、3万4000円を超えた分の寄付は対象外など）。

この制度は秋田出身の菅義偉官房長官が総務大臣時代に提案し、平成20（2008）年に導入された。菅氏は当時、「故郷に恩返ししたい」という要望は強いと述べていたようであるが、本来の狙いは地方交付税の削減などで都市と地方の税収格差が広がり、地方の不満が高まったことに対応するためだった。

その後の推移をたどると、各自治体は寄付をＰＲするため、1万円程度の寄付に対し、その土地の農海産物などの特産品や、ふるさとの宿泊利用券などをプレゼントするところが多くなり、お返しの贈り物は過熱気味とも言われるくらいになっている。

総務省の平成25（2013）年9月の調査によれば、平成24（2012）年は個人の自治体への寄付が件数で12万件を超え、スタートした平成20（2008）年の2・3倍になったが、金額では96億円と25％しか増えていない。1件当たりの寄付は、8万円弱と当初の半分強にとどまっている。このことは寄付が小口化し、特産品がもらえる程度が一つの基準になりつつあるのかもしれない。自治体側もこの制度を税制格差の是正より、地場産業の活性化、あるいは観光振興のツールととらえるようになっている。

これに対し安倍政権は、地方に浸透していないと批判されがちなアベノミクスを盛り上げるために、地方活性化に力をそそぎ、「ふるさと納税」を利用しやすくする様子だ。企業の中には、自治体の「ふるさと納税」の業務を一括代行するところも出てきた。

寄付文化を根づかせるか？

好きな自治体に寄付すると大半が減税される上に特産品などが受け取れる「ふるさと納税」に人気が集まっているが、自治体の返礼品競争が行き過ぎているなどの批判が高まり、総務省が平成28（2016）年度早々、全国の自治体に「行き過ぎ自粛」を求める通知を出した。

最初の何年間かはさほど批判もなく、順調に運営されていた。平成27（2015）年度は、ふるさと納税による寄付が前年度389億円の約4倍に増えたと推計されている。この制度で潤っている自治体の中には、宮崎県綾町や北海道士幌町のように寄付額が年間の税収を超えるところも現れた。返礼品を扱う地元業者にもお金が回るようになった。財政難にあえぐ地方の自治体側では「育児や教育にお金をかけても、成長すると上京してしまい、税収につながらない。この制度をテコにして、都市から地方へのお金の流れをつくる」と懸命だ。

これに対し、都市部の自治体側は、住民がふるさとの自治体に寄付をすると、住民税の収入が減る。この制度による寄付は、三大都市圏の住民が7割を占めていると言われる。東京の世田谷区もその一つで、平成27（2015）年度は減収額が2億6千万円に上る見込み。さらには寄付に対する返礼品の中には、特産品とは言えそうにない商品券、パソコンなどの電子機器、ゴルフ用品などが見られるようになった。

このため総務省は、こうした返礼品の具体例を示して、寄付という枠を超え、資産価値があって換金性の高いものなどの返礼を自粛するように求めた。総務省の通知には強制力はないが、通知を受けた自治体側では、例えば宮崎県都城市のように、地元で生産されている人気ブランドのゴルフクラブを返礼品から外した。

同市では「この人気ブランドが地元で生産されていることは、全国的にあまり知られておらず、市のPRになればと思っていた」という談話が報道された。

ふるさと納税は、寄付を受ける側と税収が減る側で利害が全く逆になるため、自治体からの返礼品の行き過ぎた競争や転売などに国が自粛を求めるのは、やむを得ないだろう。ただ、平成28（2016）年4月の熊本地震では、返礼なしの災害支援限定の条件で、ふるさと納税制度による多額の寄付が集まったとも伝えられる。ふるさと納税の拡充が地域活性化の目玉になるかどうかは不鮮明だが、寄付の精神を高める役目を果たし、日本に「寄付文化」を根づかせる効果は多少あるのかもしれない。

4 書店ゼロ／「町村総会」論議

以下、地方の人口減少の影響で起こっている現象を2例取り上げる。

増える書店ゼロの自治体

出版取次大手によると、香川県を除く全国46都道府県で、「書店ゼロの自治体」は420自治体・行政区にのぼる。この数は全国の自治体・行政区の2割強を占め、知識や教養を養う「文化拠点の衰退」が進んでいると懸念する見方が強い。出版取次大手の別の統計では「書店ゼロの自治体」は、4年前より1割増えている。

平成29（2017）年7月現在のトーハン（東京）のまとめによると、ゼロ自治体が多いのは、北海道（58）、長野（41）、福島（28）、沖縄（20）、奈良（19）、熊本（18）の順。ほとんどが町村であるが、市や行政区もある。北海道の赤平市や歌志内市、茨城のつくばみらい市、徳島の三好市、熊本の合志市、宮崎の串間市、鹿児島の垂水市、それから堺市の美原区と広島市の東・安芸両区である。

全国の書店数も1万2526店で、平成12（2000）年から4割強減少している（アルメディア調べ）。減少の要因としては、

▲人口の減少
▲活字離れ
▲経営者の高齢化
▲アマゾンなどネット書店の成長
▲書店の大型化の影響
▲コンビニでの雑誌販売

などが指摘されている。

またこんな例もある。北海道の留萌市では10年前に地元書店が閉店し、書店ゼロになった。しかし冬場は吹雪のときなど市外に出られないことから市民の危機感が高まり、書店誘致の署名運動や地元の行政当局の後押しなどで、平成23（2011）年に書店が復活し、市も中学校の図書購入などを支援していると伝えられる。

「町村総会」の設置検討

人口減少で村民が約400人になった高知県大川村で、議会を廃止し、有権者全員で予算案などを直接審議する「町村総会」の設置が検討され始めた。町村議会の代わりに「選挙権を有する者の総会」を設ける仕組みは、施行70年を超す地方自治法94条で、町村だけに認められている。現行法による実例としては、昭和26（1951）年に当時の東京都宇津木村（現在の八丈町）が設置した「村民総会」の一つだけである。

昭和35（1960）年、大川村の人口は4100人余りだったが、四国の「水がめ」ダムの建設で役場があった中心集落が水没し、多くの村民が働いていた銅鉱山も閉山となり、その後人口が激減した。平成の大合併では周辺2町との合併話があったが、不調に終わった。

村の人口の4割が65歳以上で、村議会議員の後継者難に直面している。2003年の村議選では定数8に対し立候補は7人。2015年の選挙でも定数6と同じ6人しか立候補せず、無投票となった。議員報酬は月額15万5000円。これでは子育て世代に議員は続けられそうにない。

平成27（2015）年の統一地方選では、全国373の町村議員選のうち、ほぼ4分の1の89選挙が無投票となった。議会の存続が危ぶまれる事態が表面化しつつあるようだ。しかし、議会の廃止は、首長と議会がそれぞれ別の直接選挙で選ばれる「二元代表制」という地方自治の原則が崩れることになる。議会が年1、2回しか開けなくなると、議会によるチェックが甘くなるかもしれない、といった懸念の声も出ている。

5 あげにくい成果

人口移動から見ると……

第二次安倍内閣が「まち・ひと・しごと創生」を打ち出してから平成30年まで、4年が経過した。これまでのところ、「地方創生」という言葉は十分広がり、流行語にまでなっている。しかし、同じ安倍首相の政策であるアベノミクスの1本目「異次元の金融緩和」で見せたような抜本的な具体策は、まだ見えてこない。

本章の最後にあたり、「まち・ひと・しごと創生」とも言われる「ひと」に焦点を当てて、改めて考えてみた。

まず、合計特殊出生率については、本章の「2・地域創生の政策」で取り上げたように、日本としては現状の1・43から、OECD加盟国の半数以上が実現しているという1・8を「まず目指すべき水準」にすべきだという提言を紹介した。しかし現状では、都道府県別で断然トップの沖縄県でこそ認められる水準だが、それを日本の平均値まで引き上げるのはそう簡単なことではない。具体的で有効な取り組みがなければ、実現は難しかろう。

また、第5章4項でも触れた通り、政令指定都市でも転出超過の都市が相次いでいる。大都市に人口が集まるというよりは、一部の拠点都市に集中しているのだ。

２０４５年の地域別人口推計

２０４５年には東京都以外は人口減になり、75歳以上の後期高齢者が43道府県で20％を超えるという地域別推計が、平成30（2018）年3月30日、国立社会保障・人口問題研究所から公表された。これは5年に1度まとめられるもので、今回は平成27（2015）年の国勢調査を基にして推計された。

75歳以上になると、年間医療費は一人当たり平均90・7万円で、65〜74歳に比べて、35・3万円上回る。また、介護費も53・2万円と、65〜74歳世代の5・5万円の10倍近くになる。

2045年に75歳以上の割合が最も高いのは秋田県で31・9％。以下、青森、福島、山梨・山形両県（同じ％）と続く。逆に20％未満は東京、沖縄、愛知、滋賀の1都3県のみ。

総人口の減少傾向は引き続き進み、2045年には1億642万人と、平成27（2015）年から2067万人が減少すると推計されている。また、14歳以下の人口はすべての都道府県で減少する。

「ひと」の問題一つを取り出してみても、日本は楽観的な将来像を描けそうにない。どうしたらよいのか。「日本人の総人口1億人を保つ」といった抽象的で楽観的な目標ではなく、さまざまな要素を積み上げて実現可能な目標にしっかり作り直す必要がある。その上で目標に沿って努力すべきだろう。その場合、将来が読みにくいのは、今現在大きく動き始めている情報・科学技術の発展と社会の変化であるが、できるだけ早急かつ正確にそれらを把握する必要があることは言うまでもない。

第12章

トランプ現象の影響とその行方

1　米中貿易戦争

米国、鉄鋼・アルミに上乗せ関税

トランプ米大統領は、平成30（2018）年3月8日、米国の安全保障を理由に23日から「鉄鋼に25％、アルミニウムに10％の上乗せ関税を課す」と発表した。ただし、NAFTA（北米自由貿易協定）の再交渉を進めるカナダとメキシコには当面適用しない。また、日本を含めた同盟国は今後の協議次第とし、対象国から外す余地を残した。中国は強く反発しており、報復の応酬となるのではないかと懸念されている。

輸入制限の理由としてトランプ政権は、米鉄鋼産業が疲弊すれば軍用資材の調達に困るという安全保障上の脅威を挙げているが、米国防総省は資材調達難については否定している。また、この関税政策の主な対象国は、もちろん輸出攻勢が続いた中国だとの見方が多いが、対抗措置の撃ち合いは、米国が戦後一貫して進めた自由貿易、つまり平成7（1995）年に設立されたWTO（世界貿易機関）体制に逆行する。一方的に関税をかけても貿易摩擦に火を付けるだけで得るものはない。

しかし、トランプが大統領選で勝利したのは、中西部の鉄鋼産業地帯などの支持が決め手となったことが大きいとみられている。輸入制限が11月に米中間選挙を控えての支持層のてこ入れ策だとすれば、正当性を欠くだけでなく、保護主義化への危険性を高めるだけではないか。

米国と中国の貿易摩擦は、米国側の攻勢に対し、中国も報復措置をすぐに公開した。全面対決へ1歩ずつ近づいているように見えるが、双方とも本音では貿易戦争を避けようとしているようで、その後、水面下の交渉も始まったと伝えられていた。リスクはあるが、「我慢比べ」の様相を呈しているということだろうか。

この年の春の動きを整理すると、3月、米国が安全保障を理由に、「鉄鋼の輸入に25％、アルミニウムに10％の上乗せ関税を課す」と発表した。標的とされた中国は4月2日、米国産の果物やワインなど120品目に15％、豚肉など8品目に25％の関税を上乗せする。対象品目の輸入額は、平成29（2017）年で30億ドル（約3180億円）で、米国が3月23日に発動した鉄鋼、アルミニウムの輸入制限による被害額を埋め合わせるための措置だという。

ただ、4月4日の中国商務省の記者発表は冗談や笑みもこぼれ、報復の発表とは思えない和やかな雰囲気だったという。中国側は繰り返し「交渉」での解決を訴えた。

トランプ政権は4月3日に制裁リストを発表しているが、このリストもあくまで原案だ。5月下旬までに一般から意見を募るなどして、最終品目を確定する。トランプ大統領が関税を発動するかを判断するのは6月ごろと言い、中国も関税発動時期は「別途決める」と言うだけだった。

トランプ政権は、対中赤字3752億ドル（平成29年）のうち1000億ドル削減を求めているとされるが、中国側は「中国だけではできない」という。大きな溝はあっても双方とも貿易戦争が経済危機につながる最悪の事態は避けたいようだと言われていた。

1対6の通商政策

6月8日、カナダ東部のシャルルボワで開かれた日米欧主要7カ国（G7）首脳会議は、予想通り、「米国対日欧カナダ」の1対6の構図で対立する結果となった。その1週間前、カナダ西部のウィスラーで実質討議を始めたG7財務相・中央銀行総裁会議の空気を受け継いだ形である。

討議の主役、トランプ米大統領は、米国が巨額の貿易赤字を抱えており、「何十年も不公正に扱われてきた」と訴えた。米国は日欧カナダなどに鉄鋼・アルミニウムの関税措置を発動。貿易ルールを軽視する中国だけでなく、同盟国にまで圧力をかけるようになっている。また、トランプは「日独に対し自動車の貿易赤字額を数字で示して改善を要求した」という。ちなみに米国の財（モノ）の対日貿易赤字は、平成29（2017）年で697億ドル（約7兆6000億円）であった。

一方で、日欧カナダは鉄鋼・アルミの高関税で実害が発生しており、マクロン仏大統領らは、「一方的な輸入制限は認めない」とトランプに詰め寄る場面もあったようだ。安倍首相は「貿易制限の応酬はどの国の利益にもならない」と、米欧カナダに自制を求めたという。トランプは9日、閉幕を待たず、「シャルルボワ・サミット」に背を向けるようにシンガポールでの米朝首脳会談に向かった。

G7サミットは、9日午後「保護主義と闘う」などと明記した首脳宣言を採択して閉幕したが、閉幕後、議長国カナダのトルドー首相が記者会見で、米国による鉄鋼とアルミニウムの輸入制限措置を「侮辱」などと批判した。これを聞きつけたトランプは「米国の交渉団に対し、首脳宣言を承認しないよう指示した」とツイッターで表明した。

中ロも保護貿易反対

同じ時期（6月9日）に中国とロシアが主導する「上海協力機構（SCO）」*［注1］の首脳会議が中国の青島で開かれていた。参加した8カ国による「青島宣言」では、貿易の保護主義に反対する方針が明示された。8カ国で世界人口の4割を占める国々の総意として当然の原則を確認する姿勢を示したとみられている。またこの宣言には、米国が離脱したイランの核合意を順守する重要性も示されていた。

ただし、この協力機構を主導する中ロなどの新興国の一部には、強権的な政治や国際法を軽視する姿勢などの共通点があると言われる。そうしたことを戒めてきた先進国のG7を差し置いて、国際合意や自由貿易の尊重という「もっともらしい宣言を出すのは皮肉な構図だ」とも指摘されている（朝日社説　平成30・6・12より）。

それにしてもG7という枠組みは、米国が「米国第一主義」にこだわり、今後リーダーからも退くと、果たしてどうなるのだろうか。


*［注1］ＳＣＯ＝中国・ロシア・中央アジア4カ国

（カザフスタン、ウズベキスタン、キルギス、タジキスタン）の計6カ国が2001年に上海で設立した地域協力機構。平成29（2017）年にインドとパキスタンが加盟した。オブザーバーにイランなど。加盟国同士による合同軍事演習も実施。

広がる米中の上乗せ関税

「トランプ米大統領の保護主義的な発想は一昔前の発想だ」（八代尚宏昭和女子大特命教授）。この表現がぴったりするような貿易摩擦が現実のものとなった。トランプ政権は中国による知的財産侵害への制裁として平成30（2018）年7月6日、340億ドル（約3・8兆円）相当の中国製品に25％の上乗せの関税をかけ始めた。これに対し、中国も同日、同じ規模の報復関税を発動した。

トランプ米大統領はこのとき、「340億ドル分は第一弾だ」と述べ、追加の関税措置を発動する意向も表明した。これに対して中国商務省は、「貿易によるいじめで、世界のサプライチェーンに多大な危害を及ぼす。迫られれば反撃せざるを得ない」と批判した。

米国が関税をかけると表明した340億ドルの対象は、自動車、産業用ロボットなどのハイテク製品や電子部品などを中心に818品目ある。一方、中国は米国からの輸入が多い大豆や綿花、食肉など、農産品を中心に545品目に関税を適用するとした。ただしこの追加関税措置は、トランプを支持する農業や製造業地帯の打撃になりかねない。例えば、米国産大豆はこの追加関税で対中輸出が激減し、農家の所得が6割減るという試算もある。

米国の制裁対象の340億ドルのうち200億ドルは外資の中国製品であり、「米国の今回の措置は世界の供給網をたたくもの」と中国商務省は批判する。スマホを例にとれば、米国で企画・設計され、日本や韓国、台湾が部品を供給し、中国で組み立て、完成品が米国に輸出される。統計上は中国の対米輸出で貿易黒字が膨らむが、中国の黒字の6割は外資企業が稼いだものだというのである。

米国と中国との貿易摩擦は、6月初旬くらいまでは米中の貿易協議が続き、一時は折り合ったかに見えたこともあった。それが米国側の強硬派が巻き返すようになり、中国の産業振興策「中国製造２０２５」（本章の「2・中国の長期目標」参照）に照準を絞り始めた。巨額の補助金を使った米ハイテク企業の買収停止などを求める場面もあったようだ。

ホワイトハウスが6月に公表した報告書では、中国が産業スパイやサイバー攻撃、進出企業への技術移転の強要など、国ぐるみで知的財産権の侵害に手を染めていると批判している。米中が探った6月中旬の協議は流れ、互いの関税リストを公表する事態になったのである。米国は中国に対し通商法３０１条に基づき、知的財産権の侵害を理由に半導体などに高関税をかけたことから「貿易戦争の火ぶたを切った」とも言われる。

米国内の反響と動き

この段階では、トランプの支持基盤である中西部の農家や労働者層からは、一定の支持を集めていたとみられる。ただし、鉄鋼・アルミの輸入制限は、企業の材料費の高騰を招いているほか、米国が強みを持つ農産品の価格競争力が弱まるとの懸念も出ている。米国商工会議所は、7月2日、ＥＵ（欧州連合）、カナダ、メキシコによる報復関税が米国からの輸出に与える影響について、州ごとの試算を公表しているが、オハイオやミシガンなど、トランプが平成28（２０１６）年の大統領選で勝利した接戦州で影響が大きい結果になっている。

一方中国は、共産党機関紙・人民日報系の環球時報（7・5）で「中国は力を尽くした」と題した社説を掲載し、「中国の台頭を阻もうとする米国の要求に屈することはできない。中国の生産力や市場潜在力は巨大で、米国の手のひらでは押さえ込めない」と反発しているが、米国批判は控えめだ。

トランプ政権の足元では、貿易摩擦の報復関税に直撃された企業が生産拠点を米国外に移す動きが出てきた。世界的に知られる老舗の高級バイクメーカー、米ハーレーダビッドソンは6月25日、欧州向けの生産を米国外に移すことをＳＥＣ（米証券取引委員会）に提出した文書で明らかにした。

ハーレーのバイクは「メイド・イン・アメリカ」を象徴する存在であるが、米国は３月に鉄鋼・アルミ製品について、日本や中国、ＥＵなどから輸入されるものに高い関税をかけることにした。これに対しＥＵは、6月22日米国から入ってくるバイクも含めた米国製品に報復関税を発動した。

バイクの報復関税は6％から31％に引き上げられ、ハーレーにとっては、１台当たり約２２００ドル（約24万円）のコスト増になる。ハーレーは欧州で年間約4万台（平成29年）販売しており、このままでは、年間1億ドル（１１０億円）近い損失が出るとしている。これに対しトランプは、ツイッターで「我慢しろ」と非難した。

また、アジアの株式市場は米中貿易摩擦が本格化する前から揺さぶられ、日経紙が選んで作成した「Asia300」というアジア市場の株価指標で見ると、約３分の２の株価が1〜6月に下落していた。米中摩擦が直撃したのは、中国のハイテク企業や自動車大手だ。貿易摩擦で中国経済が減速し、アジア全体の企業業績に連鎖するおそれもある。

米中貿易戦争これまでの整理

ここまでの《米中》間の貿易戦争（追加関税措置発動以降）を整理してみよう。以下が、米国側発表の平成29（２０１７）年の実績である。

＊米国輸入↓５０５５億ドル、中国輸入↓１２９９億ドル（米国輸入の1／4程度）……米国の貿易赤字総額の半分近くを占める。

＊平成30（２０１８）年7月6日↓米国は中国が産業スパイやサイバー攻撃、進出企業への技術移転強要により、知的財産権を侵害しているとして、〈米↓中：半導体、自動車など３４０億ドル相当の中国製品に25％の制裁関税を発動〉、〈中↓米：米国産大豆、自動車に同規模の報復関税〉。

＊同年8月23日発動→第2弾として、〈160億ドル相当の中国製品に25％の関税をかけ、中国も報復措置〉。

＊同年9月24日発動→米国は、第3弾として、〈2000億ドル相当の中国製品（ただし品目数は予定をやや縮小して5745品目）に関税措置を発動。関税率も予定を変更し、平成30（2018）年は10％、翌年以降は25％。中国側も当初5～25％まで4種類の予定だった米国製品への関税率を5％と10％に変更した。また、米国はレアアースなど、中国は原油などを草案からはずした〉。

なお、米中両国は、同年12月初めにアルゼンチンの首都ブエノスアイレスで開催されたG20の機会に米中首脳会談を開いた。その結果、米国は第3弾の2008億ドルの輸入品について、平成31（2019）年1月に予定していた10％から25％への税率引き上げも一時猶予することで、合意した。ただし、90日以内に合意できなければ、追加関税を25％にする。

米国と中国との貿易摩擦の結果、お互いに大規模な関税をかけ合っているが、世界経済の成長率はそれほど一気に低下するものではないという見方も多い。ただし、金融や株式の市場心理が今後悪化するようなことが起これば、試算以上のインパクトで下押しされることは避けられない。

［追記］

米中貿易戦争で気になる動きとしては、6月に中国の通貨人民元の月間下落幅が3％を超え1ドル＝6・6元と7カ月ぶりの元安ドル高になった。その後も元安基調が続いて、10月までの半年間に、対ドルで10％程度の元安になっていることだ。元安でドル換算の輸出価格が下がり、米国が科す25％の制裁関税の打撃を抑えて、輸出を下支えするために、中国当局が人民元相場を安値誘導しているのではないかとの見方が出ている。

米ドルに対して人民元が安くなれば、中国でビジネスを手がけている日本企業に元安円高の形で影響が出る。元安が進めば中国製品の輸出競争力が増し、近隣の東南アジア市場などで「デフレ圧力」が高まる要因になるとも言われる。

また、7月の閣議に報告された平成30（2018）年版「通商白書」によれば、米中摩擦の要因の一つである中国の鉄鋼過剰生産問題の背景には、中国の鉄鋼会社の利益率が生産拡大に伴って低下したとき、非効率な生産設備を削減するより、政府の補助金を増やして経営を支え、過剰生産で市場を混乱させたと分析している。貿易摩擦問題は今後どういう方向に動くのか、予断を許さない。

2 中国の長期目標

輸入目標・「中国製造2025」

中国の習近平国家主席は、このほど初めて開催された「国際輸入博覧会」で、今後15年間にモノやサービスを計40兆ドル（約4500兆円）輸入する目標を明らかにした。トップ自ら輸入目標を打ち出すことで、米国との貿易摩擦などに市場開放を訴えるねらいがある。

40兆ドルの内訳はモノ30兆ドル、サービス10兆ドルというから、年間ではモノは2兆ドル、サービスは0・7兆ドルとなる。モノの輸入額は平成30（2018）年通年で2・2兆ドル程度になる見込みと言われており、この水準を維持すれば無理なく達成できそうだ。

またサービスの輸入は、平成30（2018）年の通年では5300億ドル前後に達する見通しだ。急拡大している中国の人々の海外旅行に中国政府がブレーキをかけなければ、目標達成はそれほど難しくなさそうである。

見方を変えれば現実的な目標とも言えるが、習近平はほぼ2年前にも輸入目標に言及し、「5年間で8兆ドルの輸入」を目指した。この時に比べると、目標額は「上方修正」されている。

中国の長期目標としては、平成27（2015）年5月に発表された「中国製造2025（メイド・イン・チャイナ2025）」がある。これは、向こう10年間の製造業発展のロードマップである。内容は「5つの基本方針」と「4つの基本原則」にのっとり、2049年の中華人民共和国建国100周年までに「世界の製造大国」としての地位を築くという目標を掲げたものである。

2049年までにやるべきことを3段階で示している。第1段階としては、2025年までに「世界の製造強国入り」を果たす。これが「中国製造2025」に相当する。次に第2段階として、2035年までに中国の製造業レベルを世界の製造強国陣営の中位に位置づけさせる。そして第3段階として、2045年には「製造強国のトップ」になる、というものである。

また、「5つの基本方針」には、イノベーション駆動、品質優先、環境保全型発展、構造の最適化、人材本位が掲げられている。

3 日米間の通商問題

日米間の貿易に溝

平成30（2018）年4月17〜18日、米フロリダ州で開かれた安倍首相とトランプ大統領との日米首脳会談では、同年6月に行われる予定になっていた史上初の金正恩《キムジョンウン》朝鮮労働党委員長との米朝首脳会談が大きな話題になったようだ。この問題では、日米間に意見の隔たりはなかったとみられているが、日米間の貿易不均衡の是正については、両国の間に溝が残った。トランプ大統領が対日貿易赤字を問題にしているからである。

日本の財務省が平成30（2018）年4月18日に発表した平成29（2017）年度の貿易統計（速報）によると、米国への輸出額から輸入額を差し引いた貿易収支は6兆9990億円の黒字で、黒字幅は前年度比5・7％増であった。対米貿易は、輸出も輸入も2年ぶりに増加したが、中でも対米の自動車輸出額が7・5％伸びたのが目立った。

この貿易不均衡についてトランプ政権は、平成30（2018）年3月、「米通商拡大法232条」に基づき、日本を含む幅広い国を対象に鉄鋼とアルミニウムの輸入制限を発動。今後、鉄鋼に25％、アルミニウムに10％の輸入関税が上乗せされるようにした。カナダやメキシコ、韓国など7カ国・地域は適用を除外した。

ただこのような米国の一方的な輸入制限措置は、WTO（世界貿易機関）の貿易ルールに違反するという指摘があり、日米首脳会談では、日本も適用除外になるのではないかといった期待もあったが、一筋縄ではいかなかった。

新たな日米貿易協議の枠組み

首脳会談後の共同記者会見によると、トランプは「対日貿易赤字はどう見ても巨額だ」として、日米2国間の協議を求めた。一方、安倍首相は「米国が2国間ディール（取引）に関心を有していることは承知しているが、TPP（環太平洋経済連携協定）が日米両国にとって、最善だ」と主張したのに対し、トランプは気にかける風もなく、「拒否できないような好条件でなければ、TPPに戻ることはない」と述べ、TPP復帰には再交渉が条件となるとの考え方も示した。

この結果、首脳会談では、新たに「自由で公正かつ相互的な貿易取引の協議」（FFR）＊[注2]という新貿易協議の場を創設し、ここで話し合いを続けることになった。新しい協議の枠組みは日本側が茂木経済再生大臣、米国側が通商代表部（USTR）のライトハイザー代表が担当することになった。

これまでの麻生副総理とペンス副大統領による「日

米経済対話」は成果を上げていないという批判が、米国側にあったとも伝えられるが、新しい協議で決めたことは、やはり日米経済対話の場で報告する形をとることに変わりはないようだ。

＊［注2］ＦＦＲは自由（Free）、公正（Fair）、相互的（Reciprocal）の頭文字をとったもの。

ただ気になるのは、ライトハイザーが１９８０年代にレーガン政権でＵＳＴＲ次席代表を務め、日米鉄鋼協議で日本を輸出の自主規制に追い込むなど、強硬な交渉相手であることだ。今回も「なぜ日本は2国間のＦＴＡ（自由貿易協定）ではダメなのか」と食い下がったと伝えられる。

トランプがＴＰＰのような多国間協定よりも2国間協定に固執するのは、巨大な米国市場という国力を背景に、相手に譲歩を迫りやすい点があるのだろう。一方、日本は脱退した米国を除く11カ国で合意した新たなＴＰＰを着実に推進するという立場にある。新しい枠組みの日米交渉では、難しい決断を日本が迫られる局面が出てくるかもしれない。

自動車と農産物

日米の新しい枠組みによる通商協議では、トランプが重視する自動車や農産物などの「米国製品の輸出拡大」が焦点になりそうだと言われている。

自動車についてトランプ政権は、2月に議会へ提出した経済報告の中で、日本について「自動車市場の閉鎖性に強い懸念を表明してきた」と指摘している。日本の安全基準や販売店網が米国の自動車輸出を妨げる「非関税障壁」になっていると主張しているのである。平成29（２０１７）年の米国から日本への輸出額は24億ドルなのに対し、日本からの輸入は５５９億ドルに上る。米国は差し引き５３５億ドルの赤字になっている。

また、米国での自動車販売は、平成29（２０１７）年度は１７３０万台で、このうち約4割の６７７万台が日本車である。日本車の半分の345万台は米国で生産されており、残りの約3割の177万台は日本からの輸出で、あとの2割の155万台はカナダやメキシコなど日本以外の国で組み立てられてから、日本車として輸出されてきた。米国は日本車の半分を占める輸入車の現地生産を望んでいるようだ。

トランプは6月の日米首脳会談後の記者会見で「ミシガンとペンシルベニア、それにオハイオで新たな自動車工場が欲しい」と述べており、日系メーカーによる米国での投資拡大が交渉材料の一つになる可能性もあると言われる。

米国が検討していると言われる輸入車への関税上乗せ措置については、7月5日、ドイツのメルケル首相が「関税の引き下げ交渉に応じる用意がある」と語った。米国はEU（欧州連合）に対しても、鉄鋼・アルミニウムの輸入関税を上乗せしており、これに対抗してEUは、一部の米国製品に報復関税を発動した。

ところが、自動車では一転して譲歩する姿勢を見せているのである。EUから米国への乗用車の輸出額は約370億ユーロと鉄鋼の約7倍もあり、関連産業などへの影響が計り知れないためという見方がある。またEUは、NATO（北大西洋条約機構）の国防支出費倍増をめぐって、トランプ米大統領とちぐはぐな関係になっているようだ。日本やドイツも自動車産業など、米国を起点とする貿易摩擦の余波に巻き込まれているように見える。

日本は、EUとのEPA（経済連携協定）交渉が妥結し、日本の自動車は8年目から10%の欧州の関税が撤廃されることになったのも、米国の焦りの一つになっているとみられる。ただし日本は輸入車への関税を既にゼロにしている。また、米国車は小型で燃費の良い車種の投入が不十分という指摘もあり、問題は簡単に解決しそうにない。

農産物については、牛肉の取り扱いが焦点になるとみられている。米国食肉輸出連合会によると、平成29（2017）年の米国産牛肉の輸出額は72・7億ドルで、このうち、日本向けが18・9億ドルでトップとなっている。日本は米国からの輸入牛肉に38・5%の関税をかけている。一方、TPPに参加している豪州は、TPPが発効すれば日本向けの関税が段階的に引き下げられ、最終的には9％まで下がる。

そうなると米国は価格競争力で圧倒的に不利になるため、トランプに対し日米のFTAの交渉開始を強く求めている。米国の畜産団体は大きな政治力を持っていることから、日本側はTPP以上の市場開放を迫られるのではないかと警戒している。

米国の武器輸出

トランプ政権は、オバマ政権と違って、武器輸出の規制を緩和するようになったが、平成30（2018）年4月、今度は民間の米商工会議所が武器輸出に向けた協議会を設立した。官民を挙げて武器輸出に積極的に取り組み始めたようだ。トランプ政権としては、一つは台頭する中国を牽制するという軍事面の狙いがあるとみられている。

それだけでなく、防衛産業の育成が米製造業をもり立て雇用を増やすことを期待しており、日本は武器の輸出先としてトランプ政権が重視する国の一つとされているようだ。日米首脳会談では、平成29（2017）年秋の会談でも、トランプが安倍首相に防衛装備品を直接売り込み、首相も前向きに応じた。4月18日の会談でもトランプは武器購入を促し、翌日には武器輸出の規制緩和を打ち出した。

茂木経済再生大臣と米国のライトハイザー通商代表部代表による新たな日米貿易協議の場で、米国の日本への武器輸出が、対日貿易赤字を減らすための具体的な要求項目の一つになる可能性がある。ただ米国の貿易赤字には、過剰な国内消費など別の要因が背景にあるという見方もあり、武器輸出で対日赤字がどのくらい減らせるのか疑問だという指摘もある。

また、戦後の米大統領は一貫して同盟関係と経済問題を分けて考えてきた。1970〜80年代の対日貿易摩擦の時も、安保には悪影響を与えないとの態度を公に示し、日米同盟が抑止力になっていたが、トランプは経済と安保は不可分と考えており、同盟は不安定になりやすい、とも言われている（英王立統合軍事研究所国際部長ジョナサン・アイル）。

4 米国第一主義の波紋

WTO機能不全

「WTO（世界貿易機関）」の閣僚会議は平成29（2017）年12月13日、加盟する164カ国の全会一致が必要となる閣僚宣言の採択を6年ぶりに見送り、閉幕した。米国が不公正な貿易の是正に向けたWTOの改革を主張して「新興国」や「途上国」と対立したのと、主要な議題の漁業や農業の分野でも成果はなく、WTOは機能不全に陥ったのである。米国が求めるWTOの改革には時間がかかるとみられ、しびれを切らして米国が離脱する懸念もくすぶった。

国際機関離脱も

これに先立ってトランプ政権は、同年10月、ユネスコ（国連教育科学文化機関）から脱退することを決めたと発表した。脱退の理由としては、ユネスコが平成23（2011）年にパレスチナ加盟を承認するなど、反イスラエル的な姿勢を続けていることへの懸念があるとしている。今後はオブザーバー国として関与するようだ。米国は昭和59（1984）年にもユネスコから脱退し、平成15（2003）年に復帰。しかし、その後のパレスチナ加盟に伴い、分担金（ユネスコ予算の22％で加盟国最大）拠出を停止した。

トランプは国際関係について、世界への悪影響があってもこれを軽視し、「米国第一」の姿勢を貫いている。平成29（2017）年6月には、地球温暖化対策の国際的な枠組みである「パリ協定」から離脱を表明し、「非常に不公平だ。私たちの経済に害を与え、労働者を挫折させる」と批判した。こうした国際合意への批判的姿勢は、オバマ前政権のレガシー（政治的遺産）を否定する狙いも大きいとみられている。

平成29（2017）年12月には、「エルサレム」をイスラエルの首都と認定し、米大使館をテルアビブから「エルサレム」に移転する考えを表明して中東諸国の猛反発を招いていたが、米国の宗教保守派が求める公約の実現を果たす狙いがあったようだ。

同年1月には、トランプ新大統領が日本など12カ国で推進していたTPP（環太平洋経済連携協定）から離脱した。GDP（国内総生産）最大の参加国だった米国が不参加となったが、TPPは残りの国で立ち上げが進んだ。

「大統領令」

「大統領令」（Executive Order）とはどんなものか。合衆国憲法の法令に基づき、大統領権限の範囲で、連邦政府や軍に対して出される。つまり、議会の承認を得ることなく、行政権を直接行使することにより発令される国の行政命令で、君主国などの勅令に相当する。ただし、米国の場合も憲法で明確に規定されているわけではない。

歴史的には、リンカーン大統領の「奴隷解放令」があるほか、第二次大戦中の昭和17（1942）年にフランクリン・ルーズベルト大統領から出された「大統領令」は、日系人の大規模な強制収容の根拠となった。

ただし、連邦最高裁判所が違憲の判断を出すとか、連邦政府が反対する法律を制定することによって、「大統領令」に対抗することはできる。

トランプが平成29（2017）年1月27日に署名した「大統領令」では、テロ対策の観点から、米国入国を厳しく制限した。*［注3］このため、全米や世界の空港で米国への入国・搭乗の拒否が相次ぎ、大混乱を招いた。

この問題については、オバマ前大統領が「宗教を理由にした差別に反対する」と非難するなど、米世論を分断する騒ぎになり、米西部のワシントン州がいち早く、この「大統領令」は憲法に違反し無効だとして、差し止めを求める訴訟をおこした。これに対し、同州のシアトルにある連邦地裁は2月3日、問題の「大統領令」を一時差し止める命令を出した。これにより、米入国管理当局は入国禁止対象の7カ国の旅客や難民も入国を認め、騒ぎはひとまず収まった。

さらに、9日には、サンフランシスコの連邦控訴裁判所（高等裁判所に相当）で、裁判官3人が全員一致で連邦地裁の決定を支持する判断を示した。これに対しトランプ大統領は10日、連邦最高裁まで持ち込み、法廷闘争を続ける構えを見せながらも、「新しい大統領令を提示する可能性など多くの選択肢がある」とも述べており、日米首脳会談後の課題となった。

*［注3］入国制限は、イラン、イラク、イエメン、シリア、リビア、スーダン、ソマリアのイスラム圏7カ国からの市民入国を90日間禁止。難民の受け入れを120日間停止など（ウィキペディア2・6）。

5 トランプ流政治の支持層とその課題

「ラストベルト」

米国の大統領選挙でトランプ大統領を生み出した原動力は、「ラストベルト」（さび付いた工業地帯）にあると言われている。どういうところなのか。地理的には米中西部から北東部に広がる地域で、かつて自動車のビッグ3で栄えたデトロイト（ミシガン州）をはじめオハイオ州、ペンシルベニア州、ウィスコンシン州などが含まれる。

この一帯は、自動車だけでなく、鉄鋼大手なども集まり、1950年代（昭和25～34年）には、米製造業雇用の5割超を支えた。それが平成12（2000）年までに3割強まで下がり、賃金の安い中国やメキシコなどに工場が移転したほか、規制の少ない米国南部での生産も増えた。このため、平成28（2016）年の大統領選では、不満を持つ白人労働者層が「雇用を復活させる」と公約したトランプを熱烈に支持したのである。

ただ現状は、雇用が落ち込んでさびれる反面で、長く栄えた製造業が育んだ人材の厚みを生かし、技術志向の新しい産業が育ち始めていることも見逃せないと伝えられている。

ＭＥＤＣ（ミシガン州経済開発公社）によると、人口1000万人近いミシガン州では、平成20（2008）年の世界的金融危機リーマン・ショックが落ち着いたあと、世界各地の企業が約84億ドル（約9400億円）を投資した。

これにより、州全体の製造業の雇用者数は平成21（2009）年の40万人台から、60万人前後まで回復した。同年に約15％まで悪化した失業率も5％まで改善し、全米平均に近い水準にある。州全体の経済や雇用状況は必ずしも悪くないようだ。新車の販売台数も、ミシガン州は年間1700万台を超え、米国車の2割以上を担っている。自動車産業で培った技術を応用し、風力発電やリチウムイオン電池の生産も増えている。では、トランプ大統領の政策で政権を支えているとされるものに何があるか。

税制改革

関連の法案は大統領任期1年目の平成29（2017）年12月に成立した。この改革で法人税率は35％から21％へと大きく下がることになり、個人所得税の最高税率も引き下げられるなど、10年間で約1・5兆ドル（約160兆円）規模の巨額減税が実現し、レーガン政権以来となる約30年ぶりの大型税制改革となった。この減税は、国際的によい影響を与えている側面も指摘されている。

トランプ政権は減税に続く「二の矢」として、老朽化した道路やトンネルなどのインフラ（社会基盤）整備に10年間で1兆ドル（約110兆円）を投資する計画を急ピッチで進めたい考えだとも伝えられる。しかし、2月12日連邦議会に提出された2019年会計年度（平成30年10月から1年間）予算教書では財政赤字が9840億ドル（約107兆円）と、7年ぶりの高い水準まで膨らんでいる。

以上が、さし当たってトランプ政権の支えになっているとみられている諸点である。以下はこれまでに触れていないもので、今後の課題になりそうな点を挙げておく。

今後の課題

「核戦略見直し（NPR）」→トランプ政権が平成30（2018）年2月に発表したもので「力による平和」を唱えるトランプ大統領の考えを反映させたものとみられる。ただし日本政府はこれを高く評価する一方で、「使いやすい核」になって、リスクのハードルは下がるのではないかという見方も強い。

トランプ政権の考え方は、米国の都市を全面的に破壊する「戦略核」ではあまりに強力すぎて、敵も米国も実際に使用することが難しい。結果的に抑止力が発揮できていないというもののようだ。このため爆発力を抑えた小型の核弾頭を「潜水艦発射弾道ミサイル（SLBM）」用として新たに開発する。敵の基地や核施設をピンポイントで攻撃することを想定している。米メディアによるとこれはTNT火薬に換算すると5〜6キロトン級で、長崎に投下された原爆（推定約20キロトン）よりも威力の小さい小型核兵器らしい。

さらに、多様な発射手段を確保するため、水上艦や潜水艦で発射できる「核巡航ミサイル」も開発するという。

核兵器を使う条件についても、柔軟性を持たせる。オバマ前政権と同じく「極限的な状況において使用を検討する」としているが、「極限的」の解釈は、「米国や同盟国などの国民やインフラに対する核兵器以外の戦略的攻撃を含む」というのである。これに対し、前政権で核政策の特別補佐官を務めたウォルフスタールは「敵対国との衝突や不安定化のリスクを高めるものだ」と指摘し「確かなのは、核兵器を使えば敵国が核兵器で応酬してくること」と述べている。

「米国第一主義の内向き志向」→トランプ政権は、自由貿易の拡大が米国の製造業の不振や雇用の減少を招き、貿易の赤字を増やしたと見ている。米国の利益を最優先する「米国第一主義」にこだわり続けている。

カナダやメキシコとのNAFTA（北米自由貿易協定）についても、再交渉に応じるようにさせた。米国が輸入車に関税をかけない条件として、米国産品の使用割合を50％にすることを要求するなど。

［ロシア疑惑］↓トランプ政権は発足以来、不安定な要因も抱えている。平成29（2017）年5月に任命されたロバート・モラー特別検察官による「ロシア疑惑」もその一つである。「ロシア疑惑」というのは、平成28（2016）年の大統領選挙に不正介入したロシアとトランプ陣営の「共謀疑惑」や、トランプによる「ロシア疑惑」捜査への「司法妨害」疑惑で、モラー特別検察官は、セッションズ米司法長官にも事情聴取したと伝えられている。ただしトランプへの疑惑はロシアとの結託の有無とはかけ離れてきており、焦点は大統領就任後の言動による司法妨害疑惑になってきている。

［TPP］↓トランプ大統領は、平成30（2018）年1月下旬の「ダボス会議（世界経済フォーラム年次総会）」での演説で、「すべての利益に合致する場合、TPPの加盟国と個別またはグループで協議することを検討する」と述べ、再交渉を前提にした復帰の可能性に言及した。その真意ははっきりしないが、米国の畜産業界からは、TPP離脱により「牛肉の輸出関税が下がる恩恵を受けられなくなった」という不満の声が出ているようだ。TPPには残らないが、違う形の協定の再検討に応じるということなのだろうか（主要各紙、ウィキペディア2・12）。

6 中間選挙の結果をどう見る

米中間選挙結果

4年に1度の大統領選挙の中間年に行われる「米中間選挙」は、平成30（2018）年11月6日に投開票が行われた。結果は、全議員改選になる下院では野党の民主党が8年ぶりに過半数を奪回し、約3分の1改選の上院は与党・共和党が過半数を維持し、上院と下院で多数派が異なる「ねじれ」が生じることとなった。

民主党はトランプ大統領が公約に掲げる南部メキシ

コ国境への壁建設や、医療保険制度「オバマケア」廃止などに対しては、徹底して実現を阻止する構えと伝えられる一方で、トランプ大統領は、上院の主導権を保ったことで自身の訴えが共和党支持者の賛同を得たと、一定の自信を得たようである。中間選挙の結果を伝えた日本の各紙（11・8）から、現地の受け止め方を見ておこう。

今後どういう影響が出るかについて、見方が大きく異なることはなさそうだが、問題の一つは、「中間選挙の厳しい審判にもかかわらず、トランプが路線を加速する公算が大きいことだ。議会を無視して大統領令を乱発する」「貿易交渉で各国に身勝手な要求を突きつけ、同盟国には負担増を迫る。こうした事態への警戒が必要だ」（読売社説）。

また同紙の花田吉雄米総局長は、次のようにリポートしている。

「米国では、ヒスパニック（中南米系）を中心に移民の人口が増え、2040年ごろには、白人の割合が過半数を割ると言われている。白人らが抱く漠然とした不安を覚醒させたトランプは今後も人種間の対立をあおりそうだ。

共和党は、従来の自由貿易や積極外交に関与する立場だったが、今では、保護主義的な通商政策やグローバリズム否定の内向きな政策をとる『トランプ党』と化した。

一方、民主党はトランプが度々侮辱の対象とした女性や、人種的少数派を取り込んで、対決姿勢を打ち出し、主流派よりも急進的な改革を求める『進歩派』の勢いが増しているとして、両党の政治理念の再定義が進みかねない。両党の二極化を敬遠してか、無党派層が両党の支持層を上回る最大の勢力になっている」。

米国の専門家の見方（朝日紙）はどうか。

①ダグラス・アーウィン（米ダートマス大教授／通商政策）

下院を民主党が制してもトランプ大統領の強硬な通

商政策は大きく変わらない。米経済が減速すれば、通商政策でより強硬に出ようとするだろう。通商問題は大統領の権限でできることが多い。米労働者と製造業を守ると訴えるトランプの主張に共鳴する民主党議員もいる。議会には、本気でトランプを止めようという議員はいないようにみえる。

NAFTA（北米自由貿易協定）の再交渉で9月末にまとめられた新協定は今後、議会で審議される。自動車の貿易を制限する規定を含み、民主党もおおむね支持するだろう。中国への新たな関税をかけてしまえば、トランプの次の標的は欧州と日本になる。

②デービッド・ジョーンズ（ニューヨーク市立大教授／米議会政治）

民主党が過半数を取れば、頭の中はほとんど2020年の大統領選になる。審議する法案一つを選ぶにしても「これは国民の支持を得られる問題か、共和党を苦境に追い込むことができるか」という発想になる。一方で、トランプも自分の考えを押し通そうと、議会ではなく大統領の権限を使った政策を打ち出していく。

今後の2年間は、法案の中身や成否に関する戦いというよりも、言葉と駆け引きの応酬になり、非生産的になるだろう。

③トーマス・フリードマン（ニューヨーク・タイムズ紙の国際問題コラムニスト、ピュリッツァー賞3回受賞）

「トランプ主義」にとってはいい結果と言えるだろう。上院で共和党が過半数を維持したことで弾劾を阻むこともできる。しかし、2年後の大統領選を考えると、トランプ自身にとっては悪い結果だった。

2年前は無党派層、穏健な共和党員、郊外に住む女性らの支持を得て勝利したが、中間選挙では、こうした有権者が民主党を支持した。民主党は下院で過半数を握り、政権監視が期待できる。ただし対立ばかりが進み、政策を実行に移すことが難しくなることを懸念している（朝日　平成30・11・11）。

次に日本と中国の専門家の見方（日経紙）はどうか。

④日本の齋木昭隆・元外務事務次官

中間選挙は、トランプ大統領の乱暴な政治に対する有権者、特に危機感が強い若者と女性がノーを突きつけた結果だ。共和党と民主党の対立がより激しくなる。対日外交の面で大きな影響があるとは見ていない。日米の同盟関係は極めて堅固だ。TAG（物品貿易協定）の交渉が始まるが、米国が急に厳しく出ることはないだろう。中間選挙の結果が米中関係を左右するということではない。

⑤中国の朱峰・南京大学国際関係研究院院長

米政権は共和党が下院の多数派でなくなり、一部の政策が思い通りに進まなくなる。対中政策をすぐに変えるとは思わない。民主党が下院の過半数を得て国内の反対意見は強まる。制裁関税の対象を5千億ドルに拡大する可能性は低くなったと見ている。一方、南シナ海と台湾の問題をめぐっては、今後も対中で強い姿勢が続くだろう。米国全体が強硬になっているからだ。対話を通じ両国が受け入れられる方策を見付けたいという中国の立場は変わらない。

7 「ブラックスワン」の株価

約20年前の平成9（1997）年はアジア通貨危機、約30年前の昭和62（1987）年はブラックマンデー（ニューヨークから始まり世界に広がった株価暴落）があったとして、10年サイクルのジンクスを警戒する見方がある。たしかに平成29（2017）年は、トランプ米大統領の登場や仏、独など欧州の国内選挙と、「ブラックスワン」が飛来しそうな出来事が続いた。

「ブラックスワン」とは、黒い色の白鳥にはお目にかからないように、実現可能性は低いが、いざ実現すると影響が大きい出来事を指す。経済書のタイトルなどにも使われているが、平成28（2016）年に起こった株価（日経平均）の変動について、「ブラックスワン」が2度舞ったという意見もあった。

一度目は、英国のEU離脱を意味する「ブレグジット」の決まった次の日、平成28（2016）6月24日に起こった。株価の下落幅1286円は史上8位、東証一部の下落銘柄の数が1954銘柄と過去最多、日経平均の日中の値幅1525円は史上10位といった記録ずくめで、まさに「ブラックスワン」が舞い降りた日だった。

二度目とされるのは、その約140日後の11月8日、米大統領選でトランプの勝利が濃厚になったときで、時差の関係上、東京市場でいち早く株価下落が始まった。9日の東京市場の日経平均は919円の下落で、下げ幅としては史上25番目程度だったが、翌10日の株価は逆に1092円もはね上がり、短期の経済政策に期待する「トランプ相場」が始まったのである。政治イベントのショックで株価が大幅に下落することはあり得るが、上げ方向にすぐ大きく変わったのは珍しく、やはりこれは「ブラックスワン」だと言われた。

こうした出来事にもかかわらず、経済分野に限って見ると、好調な企業業績を背景に、株価も平成30（2018）年3月ごろまでは「トランプ相場」に沸いていた。

平成30（2018）年1月20日、米トランプ大統領が就任してからの1年間を振り返ると、目立った成果に乏しく、1年目の支持率は39％程度と、最近のどの大統領よりも低かった。ただし成長率は、2四半期連続で目標に掲げる年3％を超えている。前年12月の失業率は4・1％と17年ぶりの低水準であった。

また2月上旬、米国から世界的な株安が始まったが、これは米長期金利の急激な上昇が引き金になったとみられており、トランプ大統領の動向とは直接の関係はなさそうだった。

このような株安、低インフレの下で、緩やかな成長が続く「ゴルディロックス（適温）」*［注4］と呼ばれる現象も見られた。


*［注4］英国の有名な童話「ゴルディロックスと3

匹のくま」に由来する。1837年、ロバート・サウジーが散文で著わしたことで広く知られるようになった。物語の中にゴルディロックスという少女が登場し、3種のおかゆを味見したところ、熱すぎるのも、冷たすぎるのも嫌いで、ちょうどよい温度のものを選ぶというたとえがあり、そこから出てきた言葉である。

第13章

身の回りの経済新語・流行語から

1 飲食

「コメの栄養素減少」

大気中の二酸化炭素（CO_2）濃度が上昇すると、コメに含まれる栄養素が減少するという研究結果が日米中の研究チームから、米科学雑誌サイエンス・アドバンシズに発表された。

国連の気候変動に関する政府間パネル（ＩＰＣＣ）の報告書によると、地球温暖化に伴って、21世紀末から22世紀初頭にかけて、穀物の収量が大幅に減少する可能性が高いという。

また、世界気象機関によると、CO_2の世界平均濃度は、平成28（２０１６）年時点で４０３・３ｐｐｍ（ｐｐｍは１００万分の1）であった。しかしＩＰＣＣの報告書では、今世紀末までに５７０ｐｐｍに上昇する可能性が非常に高いとされている。このため日米中の研究チームは、そうなった場合に穀物の栄養素に与える影響を調査することにした。

具体的にはイネのそばにCO_2を放出し、高濃度状態にできる設備を使い、茨城県つくばみらい市と中国江蘇省の水田で実験した。CO_2の濃度を５６８～５９０ｐｐｍまで上昇させて、収穫したコメの栄養素を調査した。その結果、通常の水田で育てたコメと比べて、

＊たんぱく質は平均10・３％減、
＊鉄は８％減、
＊亜鉛は５・１％減、

となった。

またビタミンＢ群では、

＊B_1＝17・１％減、
＊B_2＝16・６％減、
＊B_5＝12・７％減、
＊B_9＝30・３％減、

となった。

チームの小林和彦・東大名誉教授によると、「炭素の取り込み量は増えるが、栄養素の合成に必要な窒素

の吸収が追い付かないのが原因だ」という。こうしたコメの栄養素の減少は、アジアを中心に少なくとも約6億人の栄養摂取に影響があるとみられている（毎日　平成30・7・22）。

☞《地球温暖化がコメの栄養素にまで影響するとは……》

2 売買

「ネット通販」で物価抑制？

インターネット通販の拡大で、消費者物価指数（生鮮食品・エネルギーを除く総合）の上昇率が0・1～0・2％程度押し下げられている可能性があると発表された。

総務省が発表する消費者物価指数には、ネット通販を通じた販売価格はほぼ反映されていないため、日銀がネット通販の活用状況を独自に推計して算出した。

ネット通販は、販売コストとなる店舗を持たないため、その分を安売りする傾向があり、同じ品物を店舗で売る小売店も対抗することになり、価格引き下げ圧力が強くなる。平成29（２０１７）年に個人がネット通販を使って購入した物品の総額は、個人が店舗経由も含めて購入した物品全体の約３％と想定し、影響を試算している。

なお同年の総務省発表の消費者物価指数は、前年比0・1％の上昇であったから、ネット通販によってわずかに物価が抑えられたとみられるが、日銀は「通販商品の配送コストの上昇などがあり、今後も物価を押し下げるとは限らない」と指摘している（読売　平成30年6・19）。

☞《それにしても、若い人たちがネット通販をよく利用する気持ちが分かる》

膨らむ「シェアエコ市場」

インターネットを介して個人と個人がモノやサービスを売買する「シェアリング・エコノミー（シェアエ

コ)」が急速に普及している。内閣府は平成30(2018)年7月、平成28(2016)年の市場規模を初めて分野別に推計した。最も大きいのは、フリーマーケットの中古品売買などの「モノ」が3000億円程度。民泊など「スペース」が最大1800億円。家事代行など技能を取引する「スキル・時間」は最大250億円など。今後の課題は、例えば日本では法律で禁止されている「白タク」のような規制をどうするのか。分野ごとに必要なルールを作っていけるかどうかが重要と言われる(各紙　平成30年7・26)。

☞《インターネットはこれから日常生活にもっと大きく入ってきそうだ。しっかり対応する必要に迫られるだろう》

3 成長

「18歳成人」に25法案

成人年齢を20歳から18歳に引き下げることにしたのに伴って、政府は平成30(2018)年の通常国会に民法をはじめ25の関連法案を提出し、改正を目指した。婚姻年齢は女性の下限を現行の16歳から男性と同じ18歳に引き上げ、未成年の結婚に父母の同意を必要とする民法条文は削除する。消費者契約法の改正では、悪質な契約の取り消しを可能にするほか、飲酒、喫煙、公営ギャンブルに20歳未満の禁止を維持する。施行は2022年の見込み(続「18歳成人」問題、平成30)。

まず、成人年齢を20歳から18歳に引き下げることについては、選挙権が一足先に実施されている。平成28(2016)年に施行された改正公選法で「18歳選挙権」が実現した。次に憲法改正の可否を決める国民投票は、将来の日本を担う若者に多く参加してもらうという狙いから、国民投票法が改正され、これによって平成30（2018）年6月21日以降の国民投票も「18歳選挙権」が実現する。世界的に見ても成人年齢は18歳の国が多く、国際基準に揃える狙いもあった。

ただ日本では、様々な法律に「20歳未満」「未成年」などの年齢要件があり、いずれを新しい基準にするかが問題になり、検討されてきた。その結果、今回の「民法改正案」では付則に成人年齢の引き下げに合わせた他の法律の改正を盛り込み、民法を含め23本の法律を改めるようになっている。

以下、今回の成人年齢引き下げに伴う改正を列挙する。

＊20歳から18歳に引き下げ↓パスポート取得、国籍選択（重国籍になった時点が18歳未満の場合は、18歳から20歳になるまでに、また18歳以上だった場合は2年以内に選択できる）、公認会計士の資格、行政書士、司法書士も。成人年齢が下がれば、例えば18〜19歳でもクレジットカードが作れるようになる。

＊現在の20歳を維持↓飲酒、喫煙、競馬や競輪などの公営ギャンブル、猟銃保持（なお、法律名の「未成年者」は「20歳未満の者」に変更）。

＊議論継続↓少年法の適用年齢を2歳引き下げ「18歳未満の者」にするかどうか。

＊その他↓女性が結婚できる年齢は2歳引き上げて、男女とも18歳となる。

☞《適用年齢が変わるものは慎重に》

4 社会

「忘れられる権利」の波紋

インターネットの検索サイトで表示される犯罪歴を

巡って、司法の判断が割れていたが、最高裁が初めて統一的な考え方を示した。裁判で争われたのは、検索サイトのグーグルに掲載された男性の犯罪歴の取り扱いで、ひと言でいうと最高裁第3小法廷（岡部喜代子裁判長）は、平成29（２０１７）年1月31日、削除を認めない決定を下した。

これまで各地の裁判所で「忘れられる権利」があるということで、検索結果などの削除を求める裁判が多数起こされていたが、この最高裁小法廷の決定は、「忘れられる権利」には言及しなかった。その上で「掲載される側のプライバシー保護の重要性が検索結果を提供する価値より明らかに優越する場合は、削除できる」という基準を示したのである。

この裁判の犯罪歴は、女子高校生にカネを払って、わいせつな行為をして逮捕されたもので、「児童買春」は社会的に強い非難の対象だと指摘し、逮捕から5年たっても「なお公共性がある」として犯罪歴削除を認めない判断が確定した。

同様の裁判が起きた場合は、

▲表示される事実の性質や内容
▲削減を求めた人の社会的地位
▲記事の目的や意義などの判断要素

などを考慮して、削減の是非を決定することになっている。

結局、犯罪歴削除の線引きは、判例の積み重ねで決まると見られているが、プライバシー権の優位が明らかな情報については、今回の最高裁の判断によって、削除しやすくなったという見方もある（読売・朝日・日経　平成29・２・２）。

ところで、今回、最高裁では言及されなかった「忘れられる権利」については、この案件が埼玉地裁で審理されたとき、同地裁では「犯罪者といえども過去の犯罪を社会から『忘れられる権利』がある」と言及している。しかし、平成28（２０１６）年7月の東京高裁決定では「忘れられる権利」は「法律上の根拠がない」として否定された。

最高裁では上記のように言及されなかったが、最近はIT（情報技術）の発達に伴って、いつの間にか個人の詳しい情報が入手されるようにもなっている。こうした動きの中でEU（欧州連合）は、欧州で提唱された「忘れられる権利」と並んで「プロファイリング」に異議を唱える権利を定める準備を進めている。

「プロファイリング」とは、ネット通販の購買履歴やGPS（全地球測位システム）の位置情報などの個人データを別々に集め、コンピューターで自動的に解析し、個人の性向などを推測する手法を指す。AI（人工知能）が実用段階に入り、特定の個人の情報を抽出して結びつけるなど処理が瞬時にできるようになったことから、プライバシー侵害や差別など、人権侵害をもたらすおそれも高まったとしている。

EUの規制は、「一般データ保護規則（GDPR）」として平成30（2018）年5月に発効させて実施するとされたが、「プロファイリング」については、「個人の特定の側面を評価するために個人データを自動的に処理すること」と定義している。ただし、まだ明確ではない部分も多く、詳細な運用については、今後示されるガイドラインで明らかになる予定である（日経平成29・1・16ほか）。

☞《それにしても日本は、情報技術の著しい発達に法制度の対応が遅れているケースが多い》

「迷子の土地」

「土地神話」という言葉が象徴するように、日本人にとって、不動産はかけがえのない価値あるものだったが、その不動産が負の資産となり、手放しても買い手がつかず、相続手続きは放置され、「負動産」とか「迷子の土地」と言われるようになった（注：この問題は本書第11章「1『負動産』の時代」でも、視点を少し変えて取り上げている）。

法務省は平成29（2017）年6月6日、相続登記されずに長年放置されている土地の実態調査を初めて実施し、その結果を公表した。これによると、全国約10万筆（区画）の土地で、最後の登記から50年以上経過し、所有者が不明になっている可能性がある土地の割合は22・4％に達した。

　調査は、同年1〜5月、神戸市など都市部と、高知県大豊町などの中山間地まで、全国10市区町を選んで実施された。最後の登記から50年以上経過した土地の割合は、大都市部で平均6・6％、中小都市・中山間地域では26・6％となった。用途別では、宅地が8％、田畑が22・8％、山林が31・2％であった。さらに、最後の登記から70年以上たった割合は9・7％、90年以上は5・6％となっている。これらの土地は、所有者が既に死亡し、だれも相続登記しないまま、放置されている可能性が高いと見られている。

　以下は「『負動産』のゆくえ」についての、各界の見方である。

＊建物は取り壊せるが、「土地がマイナスの財になるのは前代未聞。しかも、所有権が守られている代わりに自由に手放せない」（福岡大教授・西谷正浩）。

＊「米国では、買い手がつかない不動産を寄付や低価で集め、再活用を図る仲介組織があるそうだ。日本政府は、所有権はそのままに、『利用権』などで自治体が土地の利用を進められる仕組みを検討しているが、利用が見込めない土地の扱いも検討すべきだ」（東京財団研究員・吉原祥子）。

＊「今の登記制度では、土地の『所有権放棄』は認められていない。残された方法に『相続放棄』があるが、これは財産全体が対象なので、要らない土地だけを選んで捨てることはできない。（これまで示された司法の判断を）突き詰めていくと、未来永劫《みらいえいごう》、要らない土地を捨てられなくなる。所有権を放棄できるといったルールをつくるべきではないか」（札幌学院大学教授・田處博之）（朝日・読売　平成29・6・7）。

☞《「負動産」の行く末は、それほど簡単な話ではなさそうだ》

「転職市場」の広がり

伝統的に日本の雇用は、大学・高校の新卒生を一括採用するのが通常で、転職すると賃金が下がるのも常識だった。だが最近は、それが変わってきている様子である。リクルートキャリア（東京・千代田区）によると、平成29（2017）年度の転職者の求人倍率は1・86倍で、リーマン・ショック直後にあたる平成21（2009）年度の0・87倍を底に、上昇を続けている。つまり、転職市場では企業による求人が職を求める人を上回っているのである。

前職よりも高い賃金を手にする転職者も増えた。厚生労働省の統計では「転職で賃金が増えた」人の割合は、平成26（2014）年以降35～37％で高止まりしており、「賃金が減った」人の割合を上回り続けている。リクルートキャリアの調査でも、平成29（2017）年度に「前職より賃金が1割以上増えた」という回答が29・7％と5年連続で上昇し、平成14（2002）年度以降で最も高い。

平成30（2018）年2月の完全失業率は2・5％と低い水準にあり、業種によって人手不足が深刻である。中でもIT技術者は、次の成長分野を担う人材として、ニーズが強い。さらに、人工知能（AI）開発の専門家となると、年収3000万円の求人もあるという。転職しても賃金が下がらないのは、若手だけではない。大手企業の管理職がベンチャー企業などに転職しても給料が減らない例が増えてきたとも言われる。

総務省の労働力調査によると、平成29（2017）年に前職を辞めて求職した人の62％は自己都合、つまりより良い賃金や待遇を求めて職を変えている。転職者数は311万人と5年前より、25万人増加している。就業者に占める転職者の比率も4・8％と上昇基調にある（日経　平成30・4・11）。

☞《日本の雇用条件も次第に国際化しているようだ》

5 お金

既婚シニアの「へそくり」

調査は平成30（2018）年1月、シニア女性向け雑誌「ハルメク」がインターネットで実施したもので、60〜79歳の既婚の男女437人が回答した。それによると全体の54％が「へそくり」をしており、平均額は436万円だった。性別では女性が514万円と、男性（330万円）の1・6倍に上った。

夫婦仲の「よしあし」で見ると、仲の良い夫婦の妻の「へそくり」は平均479万円なのに対し、不仲の夫婦の妻は898万円だった。女性は夫より長生きするのに加えて、不仲の夫婦は、年金や生活費についても不安が大きい傾向があるようだ（読売　平成30・6・21）。

☞《そんなものかな！》

男性会社員の小遣い

新生銀行の調査によると、平成30（2018）年の男性の平社員の月平均小遣い額は、前年比2408円増の3万9836円となり、平成26（2014）年以来、4年ぶりに3万9000円台を回復した。調査は20〜50歳代の男女約2700人を対象に実施された。

男性社員を年代別にみると、20歳代が前年比6641円増の4万2018円と、大幅に増えている。30歳代、40歳代も前年を上回った。

女性会社員も前年比903円増の3万4854円となった。この1年で小遣いが増えた人は、男性5・7％、女性6・1％で、小遣いが増えた理由としては、男女とも、「給料が上がった」が一番多かった。さらに「副業を始めた」「投資を始めた（もうかった）」など本業以外で稼ぐ人も増えているようである。一方、男性会社員の1カ月の飲み代も前年比531円増の1万2506円と伸びている。

新生銀行は「（国が推進している）働き方改革によって、余暇が増え、飲み代の支出が増えている」と分析している（読売　平成30・7・26）。

☞《そうかなあ。それならいいけれど》

6 貯める

増える「タンス預金」

金融機関などにお金を預けたりしない「タンス預金」の増加が止まらないようだ。第一生命経済研究所によると、平成29（2017）年2月末現在で43兆円となり、前年同月比8％増えている。増加額は3兆円でGDP（国内総生産）の0・6％に達する。また、日銀の平成28（2016）年末時点の統計では、国内の現金保有のうち、全体の8割が家計に集中しており、タンス預金も家計に偏っていると見られている。

平成27（2015）年1月の相続税増税や、平成28（2016）年1月のマイナス金利導入で、「タンス預金」が増加すると言われるようになってきた。ただ、増加の原因はそれだけではなさそうである。平成28（2016）年の確定申告から3億円以上の財産を持つ人などは、資産の内訳を明記した調書の提出が必要になった。このため富裕層を中心に、資金の動きをとらえられやすい銀行預金を避ける人がさらに増えているとも言われている。

一方、金庫メーカーには「1億〜2億円の現金が入る金庫の大きさはどれくらい？」という問い合わせが増えているようだ。金庫メーカーによると、マイナンバー制度の開始も資産を把握されるという警戒感から金庫の需要増につながっているという（日経　平成29・4・3）。

☞《インドでは、現金による「不正蓄財」「闇経済」の根絶を狙って高額紙幣を廃止する「廃貨宣言」に踏み切ったが、日本でも似たような現象が起こりつつあるのかもしれない》

平成後期の家計部門（現金も預金も過去最高）

日銀が平成30（2018）年3月19日発表した平成

29（2017）年10〜12月期の資金循環統計によると、個人（家計）が抱える「現金・預金」は961兆円と、前年比2・5％増で、過去最高を更新した。株式や投資信託、保険などを含む金融資産全体では1880兆円になる。家計の金融資産に占める「現金・預金」は51・1％と全体の約半分だ。米国は約13％、ユーロ圏は約33％。日本では家計だけでなく、企業も「現金・預金」を抱え込んでいる。この背景には、社会保障への不安や、人口減による日本経済の先細り懸念があり、お金を動かせない様子である（読売　平成30・3・30）。

☞《結局、平成後期の家計部門は平成25年ごろまで、ちょっと心配させられたけど、消費税率が8％に上がった平成26（2014）年を境にして立ち直り、その後は今のところ大丈夫みたいだ》

7 その他、日常

花粉を出さない杉

春先に人びとを悩ます杉花粉の対策が進んでいる。巨大な杉木を伐採した後に、無花粉、少花粉の苗木を植えるのである。例えば、東京都では平成18（2006）年に「花粉の少ない森づくり運動」が始まり、都内の杉林約2万ヘクタールのうち610ヘクタールに、花粉の量は普通の杉の1％以下という苗が植えられた。花粉をつけない杉は、富山県で突然変異のものが見つかり、材質の良い杉と交配して育てた。しかし、林業従事者は高齢化し、山間地域では相続されない土地も増えている。杉林をすべて植え替えるには、100年単位の歳月が必要とされるが、今のところ、これが花粉症対策の一番の近道だという（日経平成30・4・23）。

☞《急がば回れ》

第14章

情報技術・医療などの大飛躍

1 人工知能

AIと人間

［人間超え］

コンピューターは人間の指示に従ってデータを処理するが、AIは「データの意味を解釈して自ら判断を下す」と言われる。つまりコンピューターを使って、人間が本来持っている《問題解決能力》《推理力》《判断力》などを人工的に再現する技術のことを「人工知能」＝AI（Artificial Intelligence）と呼んでいる。データの意味を解釈して自ら判断を下すことから、交通状況に応じた車のハンドル操作、医師並みの精度でがんを診断する検査、不審者を見破る警備カメラ……等々に期待がかかっている。研究が始まったのは、1950年代の米国。2000年代に入って、人間の脳の働きをまねた情報処理の方法「ディープラーニング（深層学習）」が開発されて、一気に実用化が進んだとされる。

［話題になった二つのニュース］

一つは、米国でグーグルの囲碁AI「アルファ碁」がプロ棋士に勝ったことである。囲碁はチェスや将棋に比べて盤面が広く、局面の数は10の360乗に達するだけに、AIにとっても難易度が極めて高い。「アルファ碁」の場合、初めは30種類近い電子ゲームの攻略法を、遊びながら編み出すようにした。囲碁については、開発に協力したプロの3000万種類の打ち手を見せて、対戦する人間の動きを57％の確率で予測できるようにした。その上でAIは自己対戦を繰り返し、徐々に勝ち方を身につけていった。碁石の配置全体を見て最適な手を選ぶやり方は、直感や勘も交えて判断する人間の脳にかなり近いと言われている。

もう一つ話題を呼んだのは、公立はこだて未来大の松原仁教授らがAIを使って、短編小説を自動的に創作する取り組みをしたことである。短編小説の名手、故・星新一が手がけた約1000の作品の特徴をAIに学習させて作ったもので、一部人の手が加わっている。

この他にもAIに音楽や絵画などの芸術作品を作らせる取り組みが、各大学などで盛んになっているようだ。将来的には、「個人の好みに合った曲を作る」とか、既に亡くなった著名な作家の作品を分析し、作風をまねて、その「続編」を作るという活用法も見込まれる。そうなった場合、作品の著作権はどうなるのか。著作権法では「思想または感情を創作的に表現したもの」を著作物と定義しているが、AIの作ったものに著作権が認められるのか。日本政府はインターネット事業者などの有識者会議で、これから議論を重ねるようだ。

「AIの新次元」

世界の囲碁のトップ棋士を次々に破った囲碁AIの「アルファ碁」を、さらに上回る最強AI「アルファ碁ゼロ」が登場した。開発したのは、英グーグル・ディープマインド社で、人間の対局データ（棋譜）は一切学ばず、AI同士の対局を繰り返して、3日間の独学で独自の定石をも見つけ、「アルファ碁」に100戦全勝した。人間が積み上げた知識がゼロでも、別次元の「何か」を学んだとみられ、囲碁以外の分野にも応用できる技術とも言われているが、果たして……。

「『AIスピーカー』画面付き」

人工知能に「音声」だけでなく「画面」をも付けた「AIスピーカー」（「スマートスピーカー」とも呼ばれる）が米国で登場している。平成30（2018）年5月8日には、米グーグル社が家電メーカーと組んで7月に投入すると公表した。同様の製品は、平成29（2017）年夏にアマゾン・ドット・コムが先行しているが、グーグルの傘下にある動画投稿サイト「ユーチューブ」を通じた動画や有料テレビ番組の視聴に制約があり、多様なソフトで「動画」を打ち出すのは、どうやらグーグルの方になりそうである。

この日、グーグル社がデモンストレーションで示したのは、ＡＩが美容室に予約の電話をするもので、希望の日付や時間帯などを「ＡＩスピーカー」に伝えると、本人の代わりに美容院に電話してくれる。希望の時間が埋まっていたら、言葉の文脈を機械学習で理解して、即座に別の回答を提示するだけでなく、自然な相づちも打ち、その様子に会場が沸いたとも伝えられる。

こうした機能に「画面」が加われば、声で目的地を示すだけで「グーグルマップ」が作動し、地図と道路状況が表示される機能も実現する。なお日本勢も、ＬＩＮＥ（ライン）が平成29（２０１７）年末に「Clova WAVE」を投入した。

「「CES」（世界最大級の家電・IT見本市）から」

「ＣＥＳ」（セス＝コンシューマー・エレクトロニクス・ショー）は、40年以上の歴史を持つ電機業界の国際見本市で、平成30（２０１８）年1月9日から12日まで、米ラスベガスで開かれた。かつては家電の新商品が注目されたが、最近は情報通信技術に力点を置く展示が増え、ＩＴ企業や自動車メーカーなどの参加が増えており、今回は約３９００社が出展した。なかでも目立ったのが、急速に活躍の場を広げているＡＩで、開幕を控えた7日のイベントから、各社が新開発した商品や技術をアピールしていた。

例えば、対話アプリのＬＩＮＥが披露したのは、マイク機能がついたイヤホンを耳に付けると、外国語を自国語として聞くことができるもの。入ってきた音声は、インターネットを通じてＡＩに届き、ＡＩが別の言葉に翻訳して送り返してくれる。

日本からは、「ＣＥＳ」初参加の企業もＡＩ関連の技術を紹介していた。電子部品のオムロンは、自動車用の居眠り防止装置を使っているデモ映像を流す。ＡＩが瞳の動きに注目し、異常はないか、居眠りの可能性はないかを見張る。もし瞳の動きで危険と判断すれば、警告が出る仕組みだ。

またヤマハ発動機は、持ち主が手招きすると、自動で近くまで走ってくるオートバイの開発で、持ち主の顔や手の動きをＡＩで見極めるという。

こうしたＡＩは、ディープラーニング（深層学習）と呼ばれる大量に情報を読み込む方法で、時間を追うごとに賢くなってゆく。米半導体大手のＮＶＩＤＩＡ（エヌビディア）は会場で、ＡＩに使う自社の半導体を使った画像処理装置をアピールした。これまで他社製の代表的な装置では、１秒間に５枚しか画像を処理できなかったが、「この装置では９００枚以上の画像を処理できるようになる」という。

この調子で行くと、「ＡＩは人間を超える」のかもしれない。

世界全体のＡＩ関連市場は平成27（２０１５）年の10・３兆円から、10年後の２０２５年には３１７・９兆円と約30倍超になると予測されている（電子情報技術産業協会＝ＪＥＩＴＡ調べ）。特に自動車・交通の分野での成長が見込まれている。

ところで、「ＣＥＳ」の開幕前イベントで、足の不自由な障害者や高齢者のための技術部門で、米シリコンバレーに拠点を置く日本人チームが「ベスト・オブ・イノベーション賞」を受賞した。受賞したのは、平成24（２０１２）年創業のスタートアップ企業「ＷＨＩＬＬ（ウィル）」が開発した電動車いす。１回の充電で最大16キロ先まで走行でき、スマホのアプリから車いすを動かすことができる。重量は、前モデルのほぼ半分の52キロになり、簡単に三つに分解し、車のトランクに収納できる。希望小売価格は約45万円。

ＡＩの弱点

［東大受験はまだ無理］

東大合格に挑戦していたＡＩの「東ロボくん」の成績が伸び悩み、平成29（２０１７）年春、東大挑戦を当面凍結することになった。その背景からはＡＩが抱える弱点が浮かび上がってくる。

「東ロボくん」は、国立情報学研究所が中心になり、平成23（２０１１）年度から研究を開始しているＡＩで、複数の企業や大学が参加して２０２１年度までに東大入試突破を目標にしてきた。

平成28（２０１６）年度のセンター試験模試では、

5教科8科目の偏差値は57・1となった。この成績は、東京の「MARCH」や関西の「関関同立」と呼ばれる私立大のいくつかの学部・学科で、合格可能性80%以上のA判定になる。

しかし、東大の壁はこれより高く、偏差値も前年から伸びていないことから、目標達成は難しそうだと判明したのだという。現段階のAIは、強みと弱みが混在しているようだ。では、どういう点がAIの弱点なのか。

例えば英語の場合は、文法・語彙《ごい》・語法の問題や、語句の並べ替え問題は9割以上正解だが、会話や複数の文のように、文と文のつながりの理解が必要な問題は振るわなかったという。人間は過去の経験や実生活で得た常識をもとに会話の状況を想像して正解を導き出せるが、AIにはそれができない。

またAIは、文脈の理解が苦手で、読解力に課題があるとも言われている。例えば、「対外発展のかげで進行していた国防の危機」といった抽象的な表現を読み取れず、答えを誤ったことがあったという。

もう一つの問題点は、現在のAIが囲碁を打つ、車を運転する、適切な治療を見つけるといった特定の用途で強みを発揮する「特化型AI」であることだ。人間をしのぐ能力を発揮している分野もあるが、幅広い用途に使える柔軟性はない。そこで、人間の脳と同じように、多種多様な情報処理ができる「汎用型AI」を目指す動きがあり、実現への期待が高まっている。

今後AIは人間の知的活動の多くを代替する時代が来て、やがて人間を支配するようになると警戒する人もいる。これに対し経済学者の野口悠紀雄は「身構えることはない。専門家だけでなく、我々が普通に使いこなすことができるところが、すごい技術なのだ」と述べている（日経　平成29・2・25）。

また、大学や企業の研究者で作る人工知能学会は、平成29（2017）年2月28日、人工知能の研究開発の倫理指針をまとめた。その中で「人工知能が人工知能を作り出す」時代の到来を見越して「人工知能が社会の構成員、またはそれに準ずるものとなるためには、学会員と同等の倫理指針を順守《じゅんしゅ》できなければならない」としている。そのために、例えば法人格のような法律上の責任主体としての「人格」を人工知能に与える、といった提案もある。

AIの広がり

「AIロボットの広がり」

人工知能型のコンピューターやロボットの発達で、様々な話題が登場している。例えば、米IBMのAI型コンピューター「ワトソン」は、平成9（1997）年、チェスの世界チャンピオンを破ったとか、平成23（2011）年にはクイズ番組でトップに立ったことなどでよく知られるようになったが、そうした知名度を活かして、業務改善に「ワトソン」を活用する例が多い。

米国最大の税務サービス会社が確定申告のアドバイスに「ワトソン」を導入するとか、米GMが車の運転手の癖や好みを考慮した情報提供に「ワトソン」を使う。あるいは「ワトソン」に社内のコールセンターの代替を狙うイオンなど、様々である。IBMが公表したわけではないが、平成28（2016）年12月期の「ワトソン」事業売上高は1兆円を上回ったと見られている。

また、平成29（2017）年4月24日、ドイツ北部のハノーバーで開幕した世界最大級の産業見本市「ハノーバーメッセ」では、AIの新技術が目立ったという。例えば、AIを搭載したロボットが画像認識で機械部品の表面の傷などを自動で検知する。どの程度の傷なら許されるかまで精度を高めており、AIが運営する無人工場づくりに向けて、技術開発を進めているという。

ところで、人間の仕事は、どこまでロボットに置き換えられるものだろうか。米マッキンゼー・アンド・カンパニーが820種の職業に含まれる2069の仕事（業務）について、自動化動向をまとめた。これを基に英フィナンシャル・タイムズ紙と日経紙が共同で再集計したところによると、全業務の34％に当たる710の業務が、ロボットに置き換え可能と判明した、とか。

大半の職業は、ロボットでは代替できない複雑な業務が残るため、完全自動化は難しく、できるのは一部の眼科技師や食品加工、石膏《せっこう》の塗装工など、5%未満にとどまるという。

しかし、自動化が困難とされたホワイトカラーや事務系職場でも、米通信大手のAT&Tでは、パスワードのリセットなど500業務を自動化しているようだ。金融機関でも自動化が進み、事務職では60ある業務のうち、全体の65%がロボットに代替できるとしている。

ロボットが苦手な分野は、意思決定や計画立案にかかわる仕事、想像力を働かせる仕事などである。経営幹部の場合、63の業務のうち、ロボット化が可能なのは、業務進捗表の作成など22%にとどまる。俳優や音楽家など、芸術関連の職業も自動化の対象はわずか17%に過ぎない。

今ある業務が自動化される割合を国別に比較すると、日本は主要国の中で、ロボットを導入する余地が最も大きいことが明らかになった。マッキンゼーの試算では、自動化が可能な割合は日本が55%なのに対し、米国は46%、欧州は47%となっている。さらに、農業や製造業など、人手に頼る職業の比重が大きい中国で51%、インドでも52%となっており、日本の自動化の余地がいかに高いかが分かるだろう。

日本は、官公庁や金融・保険、製造業を問わず、ロボットに適した資料作成などの単純作業の割合が高いのに加えて、業務の自動化も米国などよりも立ち遅れている面が指摘されている。日本は人手不足の時代に入っており、ロボットに任せられる業務はどんどん任せて、トータルの生産性を高めることが求められている。

［事務用ロボット「RPA」］

日本企業のオフィスにパソコンを使う単純作業を自動化した事務用ロボットが普及するようになった。この自動化のソフトは「RPA（ロボティック・プロセス・オートメーション）」と呼ばれる。

鍵盤を自ら動かし、あらかじめ覚えた曲目を演奏する自動ピアノのようなイメージで、タイマーを設定した時刻にIDやパスワードを自動的に入力して、ログインする。発注であれば、品目や数量は指定したボタンを押してくれる。ホワイトカラー業務の大半は、このRPAで代替できるという。やがて人間は決断を下すだけになり、1人の業務範囲は3倍になるとも言われている。

2 新しい乗り物：自動運転、空飛ぶクルマ、ドローンなど

自動車

［CASE］

平成の時代から次の時代に移ってゆくとき、世の中が目に見えて変わるものの一つは、「乗り物の様変わり」の進歩発展ではなかろうか。自動運転や電気自動車が大きく普及し、今や空飛ぶクルマまで作り出されようとしている。

そんな自動車業界で今盛んに用いられている言葉は、欧州で作られた「CASE」だという。「C」→コネクト（つなぐ、結ぶ）。「A」→オートノマス（自動運転）。「S」→サービスまたは、シェア。「E」→エレクトリック（電気利用）。

このCASEという言葉を、次世代の車ビジネスである「自動運転」の核となるコンセプトにしようとしている様子だ。具体的には渋滞緩和、交通事故の減少、高齢者の移動、さらに低炭素社会の実現に貢献する、という期待がかかっている。

また、こうした技術の進化とともに、現在広がりを見せているカーシェアも、車を一人一人が所有する必要が薄れ、結果的に車の台数を減らし、地球環境の負荷軽減に貢献するのではないかと言われている。

以下、自動運転に向けての動きに目を向けてみよう（参照：国際モータージャーナリスト・清水和夫、読売　平成30・11・24ほか）。

［「カーシェアリング」の広がり］

世界で唯一、女性による自動車の運転が禁じられていたサウジアラビアで、平成30（2018）年6月24日、運転を認める法律が施行された。サウジでは、平成2（1990）年に内務省が女性の運転を認めないとする声明を出し、これが事実上の法律となっていた。改革を主導する次期国王候補のムハンマド皇太子は、女性の社会進出による経済活性化のほか、改革の成果をアピールすることで、欧米などからの投資を呼び込む狙いもあったとみられる。

こんな国がある一方で、自動車産業の最先端では、複数の人で自動車を共有（シェア）する「カーシェアリング」が急速に拡大し、自動車メーカー各社も本格的に参入を始めた。クルマの「所有」から「共有」へ、という消費者の変化を背景に、自動車メーカーのビジネスモデルも大きな転機を迎えているようだ。

「カーシェアリング」は、事前に会員登録をした複数の人がスマホなどで空車を検索し、予約して利用するサービス。レンタカーと似ているが、15分単位などの短時間から利用できるのが特徴だ。また、利用方法はレンタカーと大きく異なり、予約車が保管されている駐車場などで、免許証や会員証で解錠して利用する。ガソリン代はレンタカーと異なり、サービス業者が負担する。利用料金は月会費と時間に応じた課金と一緒に支払う。

一例として、東京・新宿の日産自動車のカーシェアを見ると、事前に会員登録をし、スマホから予約すれば、最短15分200円から借りられる。日産がこの分野に参入したのは平成30（2018）年1月。東京、大阪、京都などに44台を配備し、今後はさらに増やす予定だという。日産では「車が使われることで利益が出る事業は付加価値が大きい。魅力の宝庫だ」として、自動運転車を使った送迎サービスも研究中だ。

交通エコロジー・モビリティ財団によると、日本のカーシェアの会員数は132万人超で、5年前の約5倍に伸びた。カーシェアが普及する首都圏では、乗用車を持つ世帯は平成23（2011）年の71・2％から、平成29（2017）年は64・6％へ低下し、車離れの現象がみられる。ホンダやトヨタもカーシェアに本格的に参入し、借りた場所とは違う場所に返却できる「乗り捨て型」の実証実験も進めている。

海外ではカーシェアに加え、「ライドシェア」も急成長している。日本では「白タク」として原則禁止になっているが、一般のドライバーが自家用車で客を送迎するサービスで、特に米国では、ウーバー・テクノロジーズがドライバーと客の仲介用アプリを提供し、大きく伸びている。

ただ、クルマを共有する人が増えれば、販売数は減少するとみられている。自動運転も実現するようになると、クルマは移動のための手段の一つに変わり、所有することへの価値がいっそう低下するとみられている。三菱総研の試算では、2030年時点で、国内の自動車産業がクルマの生産で生み出す付加価値は、平成28（2016）年の7兆円から5千億円ほど減る。一方、カーシェアや自動運転タクシーなどの運輸サービス業の付加価値は、2・2兆円増える見込みとしている。

ちなみにトヨタの豊田章夫社長は「トヨタを自動車会社から、移動に関わるあらゆるサービスを提供する会社に変えることを決めた」と語っている。

「EV充電器」日中共同開発

電気自動車（EV）の急速充電器について、日本と中国の業界団体が平成30（2018）年8月22日、次世代の規格を共同開発すると発表した。2020年をメドに、今の3分の1の10分以下で充電でき、出力も今の3倍以上の500キロワットを超すことを目指す。日本の急速充電器の規格名「チヤデモ（CHAdeMO）」は、英語の「チャージ（充電）」と「ムーブ（移動）」を合わせた造語だ。「茶でも飲んでいる間に手軽に充電という意味もある」とも言われる。日中が規格を統一すれば、世界シェアの95％を占めることになり、世界標準への流れが加速するだろう。自動車メーカーの開発負担も軽くなり、関連の投資も促進されそうだ。

「2050年に「全日本車電動化」」

自動車産業は100年に1度の変革期を迎えたと言

われるが、経済産業省の有識者会議が平成30（2018）年7月下旬、世界で販売する日本車を2050年までにすべて「電動車」にするという目標を決めた。

問題は、EV（電気自動車）だけでなく、HV（ハイブリッド車）やFCV（燃料電池車）を含む、ほぼすべてのエコカーを「電動車」という概念でくくったことだ。走行時に排出する1台当たりの温室効果ガスは、平成22（2010）年比で8割削減を目指す。日本勢は関連特許50％以上を持つというが、最適な材料の選定や量産方法の確立には、まだまだ高いハードルがありそうだ（朝日　平成30・7・25、日経・読売各社説8・4〜8・5）。

［下水汚泥から燃料電池の水素製造］

「究極のエコカー」と言われる燃料電池車（FCV）の「ミライ（MIRAI）」がトヨタ自動車から発売されたのは、平成26（2014）年12月で、それからはや4年が経《た》った。年700台程度のペースで製造しているという。

排気ガス規制が世界で最も厳しいとされている米カリフォルニア州では「ZEV（Zero Emission Vehicle＝無公害車）規制」があり、州内で年6万台以上の車を販売している日米の6社に対し、排ガスを出さない電気自動車（EV）や、燃料電池車を一定比率以上販売することが求められている。

この基準を達成できない自動車メーカーは、罰金を払うか、基準を超過達成するメーカーから「ZEV枠（クレジット）」を購入しなければならない。こうした規制は平成30（2018）年から6ブランドの車だけでなく、中規模ブランドに拡大される予定である。また、このような規制が他の州にも拡大する見通しとなっている（日経　平成27・12・6）。

排ガス規制の強化は、エコカーの普及を一層促す形であるが、燃料電池車の場合は、燃料の水素の調達が大きな課題となっている。その水素を下水の汚泥からつくり、それを燃料電池車に供給するための水素スタンド（水素ステーションとも呼ばれる）が、平成26

（2014）年、福岡市に開設された。プラントメーカーの三菱化工機によるもので、製造原価は、1立方メートル当たり80円程度と、ハイブリッド車の燃料代とあまり変わらない価格設定が可能となった。

国土交通省によると、汚泥発酵でバイオガスを作る下水処理場は、全国に約300カ所ある。1年間に生ずるバイオガスのうち、約3割の8500万立方メートルが利用されずに空気中に放出されているようだ。その未利用ガスで水素を製造すれば、約260万台の燃料電池車をフル充電できると言う。既に水処理大手のメタウォーター社や、東京ガス、三菱パワーシステム社などもこうした事業に取り組む動きを見せている。都会に埋もれた余剰エネルギーの有効活用に期待がかかる。

空飛ぶクルマ
［夢の技術開発］

本当に実現する日が来るのだろうか、と思わせる「夢のような技術開発」の報道がある。「空飛ぶクルマ」や「脳で入力」などであるが、それらの形は従来の発想とは異なるものになるかもしれないし、世の中を大きく変えてしまう可能性もある。

「脳で入力」については、後ほど触れるとして、そうした夢と期待を抱かせる技術開発の一つ、「空飛ぶクルマ」について見てみよう。

「空飛ぶクルマ」に関心がもたれるのは、従来の延長線ではない形の個人の移動手段という点にある。つまり、自動車が抱える問題点を解決できるという期待が大きいためだと言われる。道路を走らなければ渋滞はなくなり、道路そのものも不要になる。垂直で離着陸できれば滑走路も不要だ。人の動きや流れが劇的に変わるだろう。

米国では、既にグーグル共同創業者、ラリー・ペイジの出資する新興企業のキティホークなどが実用化計画を示しており、ライドシェア（相乗り）の米ウーバー・テクノロジーズは平成30（2018）年4月に「空飛ぶタクシー」の開発計画を明らかにした。欧州では、航空機大手のエアバスも同年末に試験飛行を始めた。
日本では、トヨタ自動車やグループ会社が、社内の若手有志らによる「カーティベーター」という開発グループに4千万円規模の資金提供をすることになり、本格的な開発を推進している。車にプロペラを付けて浮上するタイプの研究に入っているが、今後、平成30（2018）年末までに有人飛行が可能な試作機を完成させ（予定通り初フライトを行い、成功）、2020年の東京五輪では、聖火台の点火で役割を果たす、という目標があるらしい。

[「空飛ぶクルマ」のイメージ]

政府は操縦士なしで空を移動する「空飛ぶクルマ」を2020年代に実用化する方向で官民協議会を平成30（2018）年末に設置。イメージとしては、ヘリコプターとドローンの間に位置づける、人やモノを運ぶ乗り物を目指す考え方もある。50メートル前後を時速100〜200キロメートルで飛行する。「電動」「自動」「垂直離着陸」が特徴で、目的地をあらかじめ設定し、センサーを使って鳥などの障害物をよけながら飛ぶことを想定する。電動であれば騒音の心配はなく、渋滞も解決し、災害時に人命救助や物資輸送が可能で、山間地・離島での活用が期待できる。最大の課題は安全確保であろう。

ドローン

[ドローン利用の拡大]

平成27（2015）年4月、首相官邸の屋上に無人飛行機「ドローン」が落下しているのを官邸職員が見つけた。放射性物質であることを表示した小さな容器が付いていて、放射性物質が微量検出された。2日後に「反原発を訴えるために飛ばした」という40代の男性が福井県警に出頭し、翌日、威力業務妨害の疑いで警視庁に逮捕されるなど、大きな話題となった。

「ドローン」（＝drone）は英語で「雄ミツバチ」のことである。飛ぶ音が蜂に似ているところからそう名付けられた。「ドローン」の開発は、軍事目的から始まり、今でもほぼ9割が軍事用で、民間のビジネスや個人利用などへ広がりつつある。官邸の屋上で見つかったのは、直径約50センチで4つのプロペラが付いていて、ヘリコプターのように飛ぶことから、このタイプのものには「マルチコプター」という呼び名もある。「ドローン」の機能としては、無線で遠隔操作でき、「GPS（全地球測位システム）」を使えば、目的地までの自動飛行が可能となる。カメラ付きのものなら手軽に空撮もできる。

操縦に免許などは要らず、値段は個人用の1万円前後から1千万円を超えるものまであり、日本国内でも普及が進んでいる。メーカーは今のところ中国製が大半を占めているが、国産のものも出始めている。

既にさまざまな分野に活用の範囲を広げており、例えば平成26（2014）年9月の御嶽山噴火などの災害現場に投入された。土砂災害や水害の現場では、上空からけが人を捜索したり、被災状況の映像も送信したりできる。離島などへの宅配の利用などもある。

このように「ドローン」は、適切に利用すれば社会に大きなメリットをもたらすが、その一方で、テロや犯罪に使われたり、墜落事故などで大きな脅威にもなりうる。

インプレス総合研究所の調査によれば、ドローン関連のビジネス規模は、平成29（2017）年の段階で合計500億円を超えているという（『ドローンビジネス調査報告書　2018』インプレス　平成30・3）。

［ドローンの規制］

平成27（2015）年4月、首相官邸の屋上に落下して話題になった小型の無人機「ドローン」について。飛行ルールを定めた改正航空法が同年9月、参議院本会議で可決成立した。「ドローン」については、今後、農薬の散布や火山の監視など、幅広い分野で活用され、「空の産業革命」と期待されることもあり、そうした利用の拡大と安全確保の両面からルールづくりが進められた。無人の小型機でも数百グラム以下のものは対象外とする方向で調整することになっている。

以下は、この法律による具体的な飛行禁止区域である。

＊空港周辺、人口密度の高い地域の上空、祭礼やイベント会場上空などの飛行
＊夜間飛行
＊操縦者の目が届かない範囲での飛行
＊爆発物やガソリンなどの輸送
＊物を投下すること等、ただし、捜索や救助目的の場合や、個別に許可を得た場合は例外とする。

政府の規制に対しては、機体メーカーなどからは厳し過ぎるという意見が出ている。日本はこの分野の技術開発が米国や中国より遅れているだけに、技術開発を促すような規制にすべきだというのである。

ドローン活用の新ルール追加

離れた場所から操作できる小型の無人飛行機、ドローンを山間部などで配送に使えるようにしようと、新たな運用ルールの検討が進んでいる。現在のルールでは、原則として操縦者か補助者が目で機体を確認できないと飛ばせない。国土交通省などは、ドローンを飛ばせる要件として、以下を挙げている。

＊人が入れる低い場所。
＊飛行高度150メートル未満と、空港周辺を除く。
＊機体トラブルに備え、緊急着陸の場所や手順を事前に決める。

政府はまた、平成30（2018）～平成31（2019）年度に、離島や山間部でドローンによる拠点間の荷物配送を定着させ、2020年代には都市部でも物流に本格的に活用する計画だ。

3 他の新技術

量子コンピューター

ここまで本章では、次第に人間に近付いているよう

に見えるＡＩの発達の様子や、自動運転の実用化が間近に近づいている様子、さらに空飛ぶ音の静かなクルマの夢などを取り上げてきたが、こうした画期的な技術はまだまだほかにもある。その中から、最近よくマスメディアに登場するものを、いくつか見ておこう。

まず、同じコンピューターでも少し異なる「量子コンピューター」だ。現在のコンピューターと動作原理が異なる仕組み。日本では、その「量子コンピューター」をＮＴＴが試作し、平成29（２０１７）年11月下旬から研究者らが自由に利用できるようにした。特定分野の問題では通常のコンピューターよりも１億倍速く計算でき、消費電力もスパコンで１万キロワットに達するものが１キロワットで済む。新たな産業革命を起こす起爆剤として、米国をはじめ各国が研究開発に力を入れている（読売社説11・27ほか）。

「量子コンピューター」の特徴は「スーパーコンピューター」が数千年かけて解く問題を一瞬で処理できるところにある。日本は、基礎研究では先行したが、商用化では立ち遅れている。しかしＮＥＣは、頭脳にあたる基礎回路を平成30（２０１８）年度中に開発し、２０２３年度にも実用化する。富士通は２０２０年度までに５００億円を投じ、カナダに人員を派遣するなどして、研究を進めている。政府は平成30（２０１８）年度から、大学などの研究支援を強化する方針で、産官学の連携により巻き返す計画だ。

「5G」の活用

「５Ｇ」とは、現在使われている携帯電話規格「４Ｇ」に代わる次世代通信規格のこと。最高速度は毎秒20ギガビットと、現行のものと比較しようがない、超高速・大容量になる（ギガとは10億倍のこと）。また、通信の遅れがほとんど発生せず、遠隔地でも時間差なく通信できる。１平方キロメートル当たりの機器接続も、現行の数万台から１００万台に増やせる。各国はこの「５Ｇ」を当初計画より１年早め、２０１９年に一斉に商用化する方向で動き出した。関連する様々な投資や、サービスの高度化が期待できそうだ。

「5G」活用で企業提携

日本の自動車と通信の最大手（トヨタ自動車とNTT）が自動運転車の開発で協業することになった（日経　平成29・3・23）。

この提携は超高速通信の「5G」（第5世代）と呼ばれる技術を活用し、より安全性の高い自動運転車の実用化につなげようとするもので、トヨタは、「5G」の開発で先行するNTTグループの技術を取り込み、開発競争をリードしたい考えだ。

日本の自動車と通信大手が提携するのは初めてで、トヨタは、「4G」でKDDIと提携しているが、そのKDDIとは「5G」でも協力する方針だ。

自動運転車の場合は「5G」を使えば、自分の車と隣や対向車線を走る車との通信のみならず、同時並行で路線などに設置する通信設備と大量のデータをやり取りできる。周囲を走る車や人、自転車などの動きを何重にも監視できるため、自動運転車に不可欠な安全性を実現させる技術と見られているようだ。

世界の自動車業界では、この他にも自動運転を巡って異業種間の提携が進行している。

「木のクルマ」

木のクルマと言っても、「ボンネット」と「トランクリッド」という覆いを木製部品で作った試作車のことだ。横浜のトヨタの子会社で作られた。木から作った特殊な繊維素材「セルロースナノファイバー」（CNF）が使われている。木の繊維を細かくほぐしたもので、直径は毛髪の1万分の1、重さは鉄の5分の1で、強度は5倍以上。耐熱性もある。木は温暖化ガスのCO_2を吸収して育ち、リサイクルもしやすい。車の燃費も改善できるが、問題は1キログラム当たりの生産コストが5千円以上で、鉄やアルミなどよりもはるかに高いことだ。

4　医療分野での大飛躍

新しいがん治療法の「免疫療法」にノーベル賞

平成30（2018）年12月10日、スウェーデンの首都ストックホルムで、免疫を利用した新しいがん治療法の実用化に道を開いた日米の二人の学者がノーベル生理学・医学賞を共同受賞した。

受賞者は、日本人の本庶佑《ほんじょたすく》・京都大特別教授と、ジェームズ・アリソン米テキサス州立大教授で、二人は別々に、特定のタンパク質をブロックすると免疫が活発になることを発見した。そこで免疫が働くようにし、がん細胞を攻撃させる免疫治療薬の開発につなげることができた。

がん細胞は免疫細胞から攻撃されると、他の未知の仕組みで免疫細胞の攻撃をストップさせることが判明した。そこで、免疫細胞にブレーキがかからないようにすれば、がん細胞への攻撃がもっと続くのではないかと考えたのである。

「ニボルマブ（商品名はオプジーボ）」という新薬は、がん細胞が免疫のブレーキを踏めないようにブロックするもので、人が本来持つ免疫力を利用してがんを攻撃し退治する「免疫チェックポイント阻害剤」と呼ばれる新しいタイプの薬である。日本での販売元は小野薬品工業。同薬は平成26（2014）年7月、皮膚がんの治療薬として日本での保険適用が認可されたが、2015年12月には肺がんにも適用が認可された。

ノーベル賞晩さん会での受賞スピーチで、本庶はこう述べている。

「このがんの免疫療法は、『獲得免疫』という非常に良くできたシステムを人間が備えていたから可能になった。このシステムは今から5億年前、脊椎動物が進化した際にできたのであろう。このような突然変異の確率は信じられないほど低く、人類は非常に幸運だと思う。この免疫法は、まだ20～30％の患者にしか効かないが、ゆくゆくは、致死的な感染症に抗生物質をもたらしたペニシリンにも喩えられることになるだろう」。

本庶特別教授らの研究を基にして作られた「ニボルマブ」が登場するまでは、世界中のほとんどの専門家が、免疫療法でがんが治るとは考えていなかったそうだ。実際、それまでの免疫療法はことごとく失敗していたという。

ちなみにこの免疫療法は、外科手術、放射線、化学療法に続く第4の治療法と言われている。なお、日本人で生理学・医学のノーベル賞を受賞したのは、これで5人目となった。またこれで、ノーベル賞を受賞した日本人は、全部門合わせて27人になった（長崎県出身の英国人作家カズオ・イシグロを含む）。

5 一連の大飛躍が、日本の未来を明るく照らす？

「無線送電」

電線がなくても電力を500メートル先まで届ける「無線送電」という実験が行われ、見事成功した。この「無線送電」に成功したのは三菱重工業だった。平成27（2015）年3月に発表したところによると、10キロワットの電力をマイクロ波に変換して活用したという。神戸港の岸壁沿いに、送電用と受電用の高さ18メートル、幅8メートルの大型パネルが2枚、500メートルの間隔で設置された。このパネルの間の空間を、目には見えない電力が走り、受電パネルのLEDライトが点灯した。500メートルの無線送電は従来の記録の10倍近く長いものだったという。

この実験は、経済産業省から「平成24（2012）年度太陽光発電無線送受電技術の研究開発事業」を委託された「一般財団法人　宇宙システム開発利用推進機構」との契約で、三菱重工が実施したものだった。つまりこの実験は、将来的に宇宙空間内で太陽光発電を行い、それを地球に無線送電しようという、途方もなく大きな夢に向かって実施されたものである。

将来的に宇宙空間内での実用化が期待されている、この発電システムは、「宇宙太陽光発電システム」（SSPS：Space Solar Power System）と呼ばれる。地上から3万6000キロメートルの宇宙空間に太陽光パネルを打ち上げ、静止軌道上の太陽電池で発電した電力をマイクロ波／レーザーによって地上まで無線伝送し、地上で再び電気エネルギーに変換して利用するシステムである。これが実現すれば、エネルギー問題と地球温暖化問題を一挙に解決する、将来の基幹エネルギーとしての期待がかかっている。

今回の実験の成功は、この壮大な夢物語に限らず、これまで送電線の敷設が困難だった地域への送電、洋上風力発電、それに電動車両への無線充電などへの道をも拓きそうだ。

もっとも、原子力発電所1基に相当する100万キロワットの発電を宇宙空間内で行うには、約2万5000トンのパネルを運ぶためロケットを約2500回打ち上げる必要があり、ざっと計算して総費用は25兆円という試算がある（公式サイト、ウィキペディア　平成27・3・29、三菱重工3・12）。天文学的に膨大な費用がかかり、簡単には実現しそうにもないけれど、大きな夢を抱かせてくれる実験の一つと言えよう。

「脳で入力」？

もう一つ、米国では次のような技術開発に取り組んでいる人たちがいる。「もしも脳からコンピューターに直接文字がタイピングできたら、どうでしょうか？」。

平成29（2017）年4月19日、米フェイスブック社の研究開発の責任者、レジーナ・デューガンは、米カリフォルニア州サンノゼで開かれた開発者向けイベントで、こう問いかけた。手や口を使わず、頭に思い浮かべるだけで相手に意思を伝えるコンピューター技術の開発を進めていることを明らかにしたのである。

人間は、どんな行動をするときでも脳を活動させている。「頭で考えていることを勝手に盗み取る」のではなく、その人が「伝えようと決めたことだけを発信できる」ようにするのだという。

脳の活動を読み取って意思を伝える技術自体は既に開発が進んでおり、機械と脳の接続を意味するBMI（ブレーン・マシン・インターフェース）と呼ばれる言葉があり、主に医療分野で研究されてきた。BMIには大きく分けて「侵襲型」と「非侵襲型」がある。前者は手術を通じて脳に直接電極を刺したり貼ったりして脳の動きを読み取る方式で、これを使って、脳の動きから文字をコンピューターに直接入力する技術も、一応開発はされているらしい。

ただしフェイスブック社が現在目指しているのは後者の「非侵襲型」方式で、頭皮の回りに帽子のような装置を直接取り付けて、脳皮や血流などの動きを検知する。「侵襲型」と比べると、こちらは得られるデータが質量ともに劣る。それでもデューガンは「今から数年以内に、脳から1分間に100単語の入力を可能にする」という高い目標を掲げている。

通常、スマホで入力できる英語の単語は1分間に20単語前後とされており、「1分間に100単語の入力」を実現させるのは困難だと見る専門家もいる。しかしフェイスブック社は、BMIに「光学画像」という技術を使おうとしている。これは脳が動くときに起きるほんの一瞬の変化を高速スキャンして「光学画像」を作ろうとするもので、この技術が開発できるかどうかに、実験の可否がかかっているようだ（日経・平成29・5・14、26ほか）。

「レアアース」と日本の未来

人間が脳で考えたことが、そのままコンピューターに入力できるというのも、そう簡単なこととは思えない。しかし、ここで前述した二つの研究例が全く無駄なこととは言い切れなかろう。既にこの本章の最初の方で、AI（人工知能）の目を見張るような進化と発展を見てきたように、ブレイクスルーが意外と早い可能性は十分あるからだ。

おそらく２０２０年の東京五輪ごろには、自動運転車の実用性も高まることだろう。第五世代の超高速・大容量の通信にも助けられ、より利便性の高いかたちに発達するのではなかろうか。

また、本書第３章内で取り上げた「第四次産業革命論」にしても、あらゆるものがIoT（モノのインターネット）を通じてネットでつながり、膨大な情報を共有することになる。そこから、今まで得られなかった市場動向や、個人の消費行動などが解析できるようになり、さらなるコスト低減につながる可能性もあると期待されている。

さらには、日本が資源小国から脱却できる可能性も出てきた。東京から１９００キロの太平洋上にある南鳥島周辺の海底下に、「レアアース」（希土類）の資源があることが分かった。それも、世界の消費量の数百年分に相当する１６００万トン超が埋蔵されている見込みだ。早大・東大の研究チームが島の海域25カ所でサンプルを採取して分析した。さらには企業と協力して、これらを効率的に回収する技術も確立したという。

「レアアース」は、電気自動車や風力発電などの強力な永久磁石、発光ダイオード（ＬＥＤ）の蛍光材料など、多くの最先端技術に利用される。これまで資源に恵まれてこなかった日本は、中国への依存度が高いのが問題だった（日経　平成30・4・11ほか）。こうしたニュースにも、未来の日本の経済的発展を牽引する要素の一端が窺えるのではなかろうか。

◉

先に触れたように、平成30（２０１８）年秋にノーベル生理学・医学賞を受賞した本庶佑特別教授の功績は、かつての「ペニシリン」の発見にも匹敵するような、がんの免疫療法を可能にする大発見だったことを、今一度思い出してみてほしい。

これら一連の大変化や大躍進が、未来の日本に幸福をもたらしてくれると言い切るのは、まだ時期尚早かもしれない。ただし一つの捉え方として言えば、こうした経済的・医学的な大転換や大飛躍を引き起こす地盤が、この「平成の30年間」に静かに醸成されてきたわけではないか。「平成の時代」に種子が蒔かれ、これから夜が明けて、その芽がすくすくと伸びてゆくことを切に願っている。

もちろん日本は災害も多い地震大国でもある。経済が持続し発展するための十分な人口が維持できる保証も全くない。さらには、今後の財政経済政策や国際的な動向からも目が離せないことは事実だ。だがしかし、この目前に迫った「平成の終わり」を、それぞれが夢をもって前進するための「希望の夜明け」にしたいものである。

第15章

あらゆるものが変革へ

1 巨大IT企業の出現

「GAFA」（「プラットフォーマー」）

IT（情報技術）から電子商取引や情報産業、さらに物流や金融、自動走行などにも広がる、巨大で重層的な企業を「GAFA」または「プラットフォーマー」と呼ぶ。（第3章「IT巨人」の項で取り上げた「AGFA」と同じ）。

石油をテコにして影響力を行使してきた国際石油資本に代わり、インターネットを通じて情報を囲い込み、産業の新しい主役になるという意味もあるようだ。このうち米ITの4社は、グーグル、アップル、フェイスブックそれにアマゾン・ドット・コムで、「GAFA」はそれぞれの頭文字を取ったものである。「プラットフォーマー」とも呼ばれているのは、ネット上で様々なサービスを提供する基盤事業を手がけ、大量の個人情報を蓄積しているからであり、これら4社の株式の時価総額は合計2兆8千億ドル（約300兆円）で、日本のGDP（国内総生産）の55％にのぼる。なかでもフェイスブックは、株式上場6年弱で営業利益を12倍に伸ばすなど、成長スピードが突出している。

個人情報の大量流出

そのフェイスブックを舞台に個人情報の大量流出問題が起こった。世界で20億人が利用する交流サイト（SNS）フェイスブックのマーク・ザッカーバーグCEO（最高経営責任者）は、平成30（2018）年4月10〜11日、米上下院の公聴会に出席し、8700万人分に及ぶ個人情報が不正に流出した問題を受け、2日間で約10時間、議員らの追及に応じた。

発端は平成25（2013）年に英ケンブリッジ大学の研究者がフェイスブックを使ったクイズアプリを開発したことであった。それ以後、個人情報から趣味や居場所、年代といった「属性」を吸い上げ、それをネット広告に活用する事業モデルを育ててきた。莫大なデータを基に、広告主が商品を宣伝したい潜在客に的確にアピールできる。

例えば、「自動車好きの若い男性」をターゲットにしたい場合、各利用者が登録した情報や「いいね！」をした投稿などから対象者を効果的に絞り込める。フェイスブック上の「タイムライン」に広告が表示される仕組みだ。

しかし、集めた個人情報を英調査会社に不正に横流ししていたことが発覚する。同社は「利用者の情報を売ることは決してしていない」と主張している。情報収集も規約に従って同意を得たとしている。ただし、集めたデータが第三者に流れていく仕組みの監視が十分でなかった。大量の情報を保有すればするほど、流出のリスクが高まるという教訓が改めて浮き彫りになったと言えよう。

2020年までにIoT（モノのインターネット）機器の数は倍増し、300億個を超えるという推計がある。収集できるデータの種類も加速度的に増えている。IT大手にとってデータは、サービス強化のための生命線であるが、集めた情報が流出したり悪用されれば、企業は信用を損なう死活問題に直結する恐れがある。

「EU、グーグルに制裁金」

EU（欧州連合）の欧州委員会は、巨大な米IT企業のグーグルに対し、過去最高となる43億4000万ユーロ（約5600億円）の制裁金を科すと発表した。理由は日本の独占禁止法に当たる「EU競争法」に違反したというもの。グーグルは自社のスマホ向け基本ソフト「アンドロイド」を使う端末メーカーに対し、グーグル製アプリの搭載を強要していたとされる。欧州委はグーグルが高い占有率を背景に他社製のアプリを排除し、消費者の選択を狭めていると判断したようだ。日本でも公取委や経済産業省がEUの規制について議論を開始した（読売社説　平成30・7・30ほか）。

「アマゾンの協力金」公取委問題に

ネット通販最大手の米アマゾンの日本法人「アマゾンジャパン」（東京）が平成30（2018）年3月15日、

公正取引委員会から独占禁止法違反の疑いで立ち入り検査を受けた。独占禁止法は、優位な立場を利用して不利益な取引を受け入れさせることを禁じているが、アマゾンは国内の食品や日用品メーカーに対し数カ月前から、アマゾンの通販サイトで販売した金額の1～5％を「協力金」として支払うよう求めていた。

アマゾン側には、販売額の30％という利益目標があるとされ、値引き販売分による利益の減少分をメーカーに負担させる目的があったと言われている。これに対し、メーカー側には「ブランド力のあるアマゾンに出品できなくなれば、消費者の目につかなくなる」などとして、支払いに応じていたと言われる。

物流業界ではネット通販の普及で荷物量が増えているが、人手不足が常態化し、荷主は値上げを求められる。アマゾンも物流費の高騰で利幅が薄くなり、利益を確保するため、メーカーに負担を求めたようだ。また、公取委が今回立ち入り検査をした背景には、IT業界では、分野ごとの先行企業による独占が進みやすいという特徴があり、その弊害が出ることへの危機感もあるとされる。後発企業の参入が難しいため、トップシェアの地位を利用した問題が起きやすいというのである（日経　平成30・2・28ほか）。

2 日本企業、生産性志向に乗り遅れ？

企業の大型化、時価1兆円企業

株式市場が評価した企業価値を示す「時価総額」が1兆円以上になる日本企業が増加している。平成30（2018）年1月26日時点で152社となり、1年前に比べて29社増えて、過去最多を更新した。1兆円以上の企業は東京証券取引所上場企業全体の4％を占め、増加に拍車がかかっている。「1兆円クラブ」の仲間入りが増えている背景には、工場の自動化投資や、化粧品メーカーがインバウンド増加の影響を受けたことなどがある。しかし米国の600社、中国の230社には到底及ばない。

「労働生産性」低下

就労者1人当たり（あるいは1時間当たり）の労働により、生み出される付加価値（額）、つまり「労働生産性」が低下している。日本の場合は、農林水産業や卸・小売業などの「非製造業」では「労働生産性」が低いと見られてきたが、製造業は「メイド・イン・ジャパン」としてブランド化されたこともあり、生産性も高いと思われがちである。

ところが日本生産性本部の国際比較によると、確かに日本の製造業の「労働生産性」は、平成7（1995）年と平成12（2000）年はOECD（経済協力開発機構）35カ国の中でトップであった。しかし、平成27（2015）年の1人あたりの「労働生産性」は9万5063ドル（約1000万円）で、製造業のデータが入手できる29カ国の中では14位にとどまる。トップのスイスの半分、米国の約7割の水準だという。どうして日本の「労働生産性」が低下するようになったのか。分かりやすく解説した読売紙（平成30年3・9）の国際経済記事「モノづくりは没落したのか」を参考にして考えてみたい。

「モジュール化」

製造業の生産性低下にはいくつかの要因があるようだ。一つは平成12（2000）年以降「モジュール化」というモノづくりの波が押し寄せてきたことである。これは標準化した部品の組み合わせで製品を作るもので、典型的な例はパソコンである。CPU（中央演算処理装置）やメモリーなどの部品を集めれば、極めて容易に組み立てることができる。

この「モジュール化」で、日本の電機大手メーカーは、人件費の安い中国や台湾の企業との激しい価格競争にさらされ、日本企業は利益が出にくくなって生産性が低下したのである。さらに日本企業の工場が人件費の安い国に移転すれば、生産性は上がっても日本の労働生産性には反映されないという面もある。

なかでも日本の電機業界が苦しんだのは、製品開発や部品の製造という「川上」の段階から、「川中」と言われる製品の製造プロセス、それに販売や保守点検などの「川下」まで、一貫して手掛ける傾向にあったことである。「川上」や「川下」の収益性が高いのに比べると「川中」はあまり儲からなかった。これに対し、米国のメーカーは、「川中」の製造を他社に委託しながら、「川上」や「川下」で稼ぐ改革を進めたため、労働生産性も高まった。日本はこうした生産性志向の波に乗り遅れたようだ。

例えば、米アップル社は、こうした「稼ぐ改革」により、平成29（2017）年9月期決算の営業利益が、約12・3万人いる従業員1人当たりの利益で見て約50万ドル（約5300万円）になったという。また、AI（人工知能）向けの半導体などで急成長する米エヌビディアは、自前の工場を持たず、およそ1万人の従業員の約7割が「川上」の研究開発部門に所属しているが、開発に集中して大きな利益を上げ、1人当たりの利益は約19万ドル（約2010万円）に達した。

一方、日本の大手企業で見ると、平成29（2017）年3月期は、従業員1人当たりの連結営業利益が日立製作所で約193万円、ソニーも約225万円だった。

ただし、「労働生産性」の数字が低いからといって、それだけで経済の実力とは結びつかないという指摘もある。例えば、日本企業は生産性を犠牲にしながら、一定の雇用を維持してきたというのである。

また、「労働生産性」の計算上、分母の労働者数にカウントされない不法移民が多い国ほど、実態よりも生産性が高くなる傾向にも注意する必要がある。このほか「全要素生産性」つまり労働のみならず、原材料や機械・道具など、生産に必要なすべての要素を考慮した生産の効率性を示す指標の研究も進んでいる。商品やサービスごとの日米価格差も考慮するもので、より精緻《せいち》な研究だとされているが、算出方法は複雑になる。

3 さまざまな変革

「司法取引」経済犯罪を想定

他人の犯罪を明らかにし、自らの刑罰を軽くしてもらう「司法取引」の新制度が平成30（２０１８）年6月からスタートした。検察などの捜査機関は、組織犯罪の解明に向けて、重要な証拠が得やすくなると期待している。なかでも経済犯罪については、3月に閣議決定された政令で、独占禁止法や金融商品取引法のほか、著作権法や銀行法、貸金業法など50超の法律で規制される犯罪が新しく対象に加わった。対象犯罪の多くが企業活動に関わることもあり、企業側が新制度に寄せる関心が高い。

この制度は、容疑者や被告が他人の犯罪を捜査機関に明かす見返りに検察官が起訴を取りやめたり求刑を軽くするもので、米独仏など欧米諸国で広く導入されている。特に米国では、「司法取引」の対象犯罪に制限がなく、自分の罪を認めれば罪が軽くなるなどの「自己負罪型」であり、しかも、他人の犯罪について捜査機関に情報提供し、自分の刑事処分を軽くしてもらう「捜査・公判協力型」である。

このため米国では刑事事件の8～9割で「司法取引」が行われているようだ。また、無実の罪、冤罪《えんざい》への懸念が根強く、実際にウソの供述で無実が明らかになった受刑者ら３５６人のうち約15％が、捜査協力者の誤った証言で有罪判決を受けていたという調査もある。

日本では平成28（２０１６）年5月、政府が提出した「刑事司法改革関連法案」が約１００時間の国会審議の末、成立した。ただし、全面可視化が導入されたため、自白が得にくくなるなど、容疑者らに真実を語らせる捜査方法が求められるようになっていた。今回の日本の「司法取引」では、従来の取り調べに重点を置く捜査を見直し、捜査機関に新たな証拠収集の手段を与える制度にした。

「捜査・公判協力型」ではあるが、取引の対象は他人の犯罪についての情報提供に限られる。米国などのように、捜査や公判の費用節約を目的に自分の犯罪に関する自白も取引の対象とする「自己負罪型」の導入は見送られた。また、殺人罪など幅広い犯罪が対象となる米国などと異なり、国内では、取引の対象は主に暴力団などの組織犯罪のほか、企業などがからむ贈収賄・談合・脱税といった財政経済犯罪、それに薬物・銃器犯罪などに絞られた。ただし、覚醒剤の営利目的輸入や、銃の発射など、死刑や無期懲役を含むものは除外した。

「司法取引」の導入に当たって、最も懸念されるのが、捜査協力者となった容疑者や被告が自分の罪を軽くしたいがためにウソの供述をし、無実の第三者を冤罪《えんざい》に巻き込む事態である。「巻き込み」が起きないように、弁護士の立ち会いと合意を義務付け、ウソの供述には、5年以下の懲役を科す「虚偽供述罪」が創設されたが、ウソを完全に見抜くのは難しかろう。司法取引をどう定着させるかも、大きな課題になりそうだ。

「フリーランス」の増加

企業と雇用契約を結ばずに仕事を引き受け、柔軟に働くフリーランスは、副業・兼業の人を含めると約1100万人にのぼり、今後も増加が見込まれる。技術者をはじめ様々な職種があるが、企業と契約を結ぶときは、交渉力などからフリーランス側が不利になりがちだ。このため公正取引委員会が平成30（2018）年2月に、労働分野に独占禁止法を適用するための考え方を公表した。代金支払いの遅延や減額その他、仕事を発注する側が「優越的地位の乱用」となる行為を列挙している。一方、厚生労働省も労働法の対象として、フリーランスの働き方のルール作りに入っているようだ。なお、ウィキペディア（平成30年12月）によれば、日本のフリーランスの定義ははっきりしておらず、実態は把握しにくいが、報酬は堅調に増加し、業務委託で働く人が伸びているとしている。

「モノ」から「コト」へ

平成の30年を通じて、パラダイムシフト、つまり全体の価値観が移行している。その一つとして、「モノ」が飽和し「コト」の価値が消費者の側で強まっているとよく言われる。「モノ不足の時代」は「もったいない」主義でよかったが、「モノ余りの時代」に大事なのは、持つことではなく使うことで、「使わないものは捨てろ」という本が売れた（辰巳渚著『捨てる！』技術」平成12）。

モノでは満たされなくなった消費者が次に目を向けたのは「コト」、つまり体験だ。平成11（1999）年には「モノより思い出」というテレビCMが話題を呼んだ（日産自動車）。「コト」消費として成功したのは、昭和58（1983）年に開業した東京ディズニーランドが筆頭で、これが刺激になって平成の初頭ごろ、各地でリゾートホテルやテーマパークの開発が第3セクターの手で進んだ。

一生に1度、珍しい場所を訪れて自慢する高度成長型のレジャーとは違い、なじみの居場所で友人や仲間と、繰り返し楽しい時を過ごす。客の立場にとどまらず、催事にどんどん参加する。こうしたコスト消費をSNS（交流サイト）やスマホが加速させていると言われる。平成も30年になって、コト消費の成功例が増えてきた。

CD売上げ減少を大規模な野外ライブ「夏フェス」などのコンサート事業で補う音楽業界、野外の作品巡りを通じて住民とふれあう地域アート展、読書会でファンを増やす書店、アニメの舞台で物語を追体験する「聖地巡礼」、都市型バーベキュー施設の人気、ハロウィーンや、サッカーW杯での街の盛り上がり、などである。

主な「コト消費参加者数」の推移を見てみよう。

＊東京ディズニーランド入園者：
1500万人（昭和58（1983）年）→3010万人（平成29（2017）年）

＊夏フェスで、その場限りの音楽体験：
1500万人（平成元（1989）年）→4779万人（平成29（2017）年）

このほか、衣食住などモノとのかかわりの面でも、ネットの登場で「コト消費」に組み込まれるものが出てきた。「所有」よりも「利用・活用」を優先する「シェア（共有）経済」の台頭である。住分野で言えば、ワンルームマンションや庭付き一戸建てに変わり、居間とキッチンを共有するシェアハウスとか、中庭を共有する新型集合住宅が人気を集める。日常生活が「コト」消費の舞台になる。メルカリなどのフリマ（売買・交換）サービスやカーシェア、軒先貸しなども成長中だ（日経　平成30・8・25）。

「ブロックチェーン」の応用実験

「ブロックチェーン」と言えば、「ビットコイン」などの仮想通貨を思い浮かべる技術であるが、その原理は、取引などの情報のかたまり（ブロック）を鎖（チェーン）のようにつないで管理する仕組みである。大きなコンピューターで集中管理する従来のシステムと異なり、数多くのコンピューターでそれぞれ情報管理する「分散型」になっている。

平成20（2008）年にこの「ブロックチェーン」に基づく「ビットコイン」の仕組みを解説する論文がネットで公開された。「インターネット」以来の発明とも呼ばれ、大型コンピューターを必要としないため、はるかに安いコストでサービス提供が可能となる。

総務省は「ブロックチェーン」の技術が様々な分野に活用できるとみて、みずほ銀行、日本郵便、NTT東日本の3社と共同で情報共有の実験を平成30（2018）年2月に開始した。この技術を様々な分野で活用する際の課題などを整理する方針だ。

また、国や自治体で関連する情報がばらばらに管理されているケースもあり、行政手続きを円滑にするためにこの技術を活用することも考えられる。しかし、取り扱う情報の範囲を広げると、利便性は高まるが情報漏えいの心配もあり、徹底した対策が求められよう。

4　変わればいいのに、変わりそうにない！

相次ぐ企業の不祥事

検査データの改ざん、偽装といった不正がなぜこうも続くのだろうか。「メイド・イン・ジャパン」で広く知られた日本製品の信頼性は、綻《ほころ》んでしまったのだろうか。

不祥事、あるいは処理が不適切だったとして、平成29（２０１７）年9月ごろから大企業の名が次々と報道されてきた。このうち、「商工中金（商工中央金庫）」は政府系の金融機関で、同年10月下旬の報道によると、外部の弁護士らを交えて実施した調査の報告案では、災害などの危機対応業務などで不正があった。この業務は、金融危機や災害などで一時的に業務が悪化した企業に融資する制度で、全行の２％に当たる４５００超の口座で、４７００件の不正融資を確認したとされる。

世界の軍事費

スウェーデンの「ストックホルム国際平和研究所」（ＳＩＰＲＩ）が平成29（２０１７）年4月24日に公表したところによると、平成28（２０１６）年の世界全体の軍事費は、一部推計を含めて、１兆６８６０億ドル（約１８４兆円）であった。米国の同時テロがあった平成13（２００１）年以降、軍事費は増える傾向が続き、平成23（２０１１）年には過去最高の１兆7千億ドルに達し、その後も高い水準で推移している。国・地域別に見ると、１位は米国の６１１０億ドルで、世界全体の軍事費の36％を占めている。

2位は中国の２１５０億ドルで13％、３位はロシアの６９１億ドルとなっている。以下、サウジアラビア、インド、フランス、英国と続き、８位が日本の４６１億ドルである。

小さな国でもロシアと国境を接するラトビアは、前年比で軍事費を44％増やし、リトアニアも35％増加させている。近年、近隣諸国に軍事的な威嚇を続けているロシアへの警戒を強めているものと見られている。

世界の富の8割、1%が独占

世界で1年間に生み出された富（保有資産の増加分）のうちの82％は、世界で最も豊かな上位1％が独占し、経済的に恵まれない下から半分（37億人）は財産が増えなかった。この報告書は、国際NGO（非政府団体）「オックスファム」が平成30（2018）年1月22日に発表したもの。「オックスファム」は、スイス金融大手クレディ・スイスによる家計資産のデータを基にして推計しており、2017年6月までの1年間に上位1％の資産総額は株価の上昇などによって7625億ドル（約84兆円）増えている。

クレディ・スイスによるデータには、今まで入っていなかった中国などの数値が追加されるようになり、例えばこれで前年の資産額を計算し直すと、世界の下位半分（37億人）の資産総額は、2017年1月時点では上位8人と同じと推計されていたが、61人に修正されることになる。さらに2018年1月では上位42人と同じになり、格差は前年より拡大している。

「南海トラフ被害」推計1410兆円

伊豆半島南端沖から九州南方沖まで続く、海底の船底状凹地は「南海トラフ」と呼ばれ、今後30年以内に巨大地震発生の確率が70～80％と言われている。平成30（2018）年6月7日、土木学会は地震の揺れや津波による直接被害額が170兆円、その後20年間の企業活動の低下や国民所得の低下などの長期被害額1240兆円、合わせると1410兆円に達するとの推計を発表した。しかし事前に対策を講じれば、被害は509兆円分は減少するとされており、被害が減ることで税収の落ち込みも抑えられ、対策費以上の効果があるともいう。一方でこれを誤ると、日本はアジアの最貧国の一つになりかねないという見方もある。

あとがき

平成の日本経済における「新語・流行語」を追求して

平成の30年間で最後に近い5年間（平成26年〜30年）、毎月1回、「経済の新語・流行語から見えてくるもの」をブログに書き続けてきた（URLは参考資料欄に記載）。

毎日欠かさず、主な全国紙を広げ、テレビのニュースや関係のありそうな番組を視聴し、新語・流行語を探してきた。こうして集めた新語・流行語は、全部数えたわけではないが、ざっと500〜600語になっているだろう。

何のためにしたのか。何が見えてきたのかと自問自答してきた。「何のために」と聞かれれば、「若いときからラジオ・テレビメディア経済担当の放送記者、解説委員、それに大学の教師、銀行の監査役などに携わり、退職後も経済の動きから離れたくなかったから」である。

問題は「何が見えてきたのか」という点であるが、次のようなことを感じた。

①新語は経済活動が活発なところから多く生まれるようだ

当たり前のことだろうが、この5年間で目立ったのは、IT（情報技術）のハード、ソフト関連の新語が目立ち、本書の第15章だけでも、GAFA、エッジコンピューティング、ブロックチェーンといった言葉が登場している。ただ、外国で生まれた言葉は、日本語に翻訳されていないものがほとんどで、正確な意味が通じないことがある。同章の「プラットフォーマー」も「プラットフォーム」となると、IT用語でも全く違った意味になる。

②国の政策に関連した新語も多い

典型的なのは「アベノミクス」「異次元の金融緩和」「三本の矢」などであるが、これにも異質のものが入ることがある。例えば、「イージス・アショア」は、海上のイージス艦と同様の能力がある陸上配備型の高価な迎撃ミサイルのことである。山口県と秋田県に配備されようとしているが、国の政策といってもカタカナ用語だ。この方が通じやすいということか。

また、既に国会を通過し、成立までしているが、「統合型リゾート整備推進法」という法律がある。カジノを新たに作るための法律で、何とかこの法案を国会で通そうと法律の名称に苦労した様子が窺える。

③新語もいろいろ

何かある事象を短く特徴づけるとか、アルファベットの頭文字で作られたものなどさまざまで、中にはハッシュタグ（#）を使ったものまで登場する。

経済に限らず出来事は、まず用語や新語・流行語をよく理解することから始まるわけで、新語・流行語探しの習慣でメディアとお付き合いするのも悪くはない。

参考文献

●貝塚啓明ほか編『金融実務大辞典』金融財政事情研究会　２０００年９月19日発行

●総務省統計局編『日本の統計　２０１８年版』日本統計協会　２０１８年３月発行

●『現代用語の基礎知識』（２０１４～２０１８年）自由国民社　各年１月１日発行

●『経済辞典第4版』有斐閣　２００５年4月20日発行

●『経済新語辞典２００８年版』日本経済新聞社　２００７月9月20日発行

●『金融経済統計月報　２０１４～２０１８年12月号』日銀調査統計局発行

●インターネット（ウィキペディアのほか、総務省統計局、日銀、ＮＨＫなどの公式ホームページ）

●日経、朝日、読売、毎日、宮崎日日（共同）を中心とする新聞各紙、ＮＨＫ　ニュースの記事で、本著が紹介した社説、インタビューは原則として、本著の中にメディア名を書き入れてあります。そうでないものでも、小生のホームページで、本著の基になる「経済の新語・流行語から見えてくるもの」という記述の中には、メディア名を入れて２０１４年1月から5年間、毎月無料で公開してきたものがあります。

◎浜野崇好ブログ「経済の新語・流行語から見えてくるもの」
http://hamano-takayoshi.com/monthly/

浜野崇好（はまの・たかよし）

1935年宮崎県生まれ、早稲田大学政経学部卒、1960年NHKに入局。主に放送記者として、官庁・日銀・財界を担当。経済部副部長から解説委員に。英BBCへ2年間出向。経理局資金部長、同局次長、国の物価安定政策会議委員なども兼任。1995年宮崎公立大学教授へ、学長、理事長。宮崎銀行社外監査役など。

主な著書には、『日本の消費者運動』（共著）、『イギリス経済事情』、『生活者重視への処方箋』ほか。

平成史

経済の流行語・論点でたどる

2019年3月4日第1刷発行

著者　浜野崇好
装丁者　木庭貴信＋青木春香（オクターヴ）
発行者　藤田博
発行所　株式会社　草思社
〒160-0022　東京都新宿区新宿1-10-1
営業　03(4580)7676
編集　03(4580)7680
本文印刷　株式会社　三陽社
付物印刷　株式会社　暁印刷
製本所　加藤製本　株式会社

ISBN978-4-7942-2385-2　Printed in Japan　検印省略
http://www.soshisha.com/

編集協力：品川　亮